读好书系列

彩色插图版

庄子

（战国）庄周◎著

墨人◎主编

庄子，名周，战国时代宋国蒙（今河南商丘东北）人。著名思想家、哲学家、文学家，是道家学派的代表人物，老子哲学思想的继承者和发展者，先秦庄子学派的创始人。他的学说涵盖当时社会生活的方方面面，但其根本精神还是归依于老子的哲学。后世将他与老子并称为『老庄』，将他们的哲学称为『老庄哲学』。

吉林出版集团股份有限公司

图书在版编目(CIP)数据

庄子 / （春秋）庄周著；墨人主编. -- 长春: 吉林出版集团股份有限公司，2011.11
（读好书系列）
ISBN 978-7-5463-6923-5

Ⅰ. ①庄… Ⅱ. ①庄… ②墨… Ⅲ. ①道家 ②庄子－青年读物 ③庄子－少年读物 Ⅳ. ①B223.5-49

中国版本图书馆 CIP 数据核字(2011)第 219579 号

庄 子

ZHUANGZI

主　　编　墨　人
出 版 人　吴　强
责任编辑　尤　蕾
助理编辑　杨　帆
开　　本　710mm×1000mm　1/16
字　　数　100 千字
印　　张　10
版　　次　2011 年 11 月第 1 版
印　　次　2022 年 5 月第 3 次印刷

出　　版　吉林出版集团股份有限公司
发　　行　吉林音像出版社有限责任公司
地　　址　长春市南关区福祉大路5788号
电　　话　0431-81629667
印　　刷　河北炳烁印刷有限公司

ISBN 978-7-5463-6923-5　　定价:34.50 元

前言

庄子，名周，战国时代宋国蒙（今河南商丘东北）人。著名思想家、哲学家、文学家，是道家学派的代表人物，老子哲学思想的继承者和发展者，先秦庄子学派的创始人。他的学说涵盖当时社会生活的方方面面，但其根本精神还是归依于老子的哲学。后世将他与老子并称为“老庄”，将他们的哲学称为“老庄哲学”。

庄子的文章，想象力丰富，文笔富于变化，具有浓厚的浪漫主义色彩，并且采用寓言故事形式，富有幽默讽刺的意味，对后世文学有很大影响。著作有《庄子》，亦称《南华经》，为道家经典之一。《庄子》现存33篇，分为内篇、外篇、杂篇三个部分。一般认为，《逍遥游》等7篇内篇是庄子所著，外篇、杂篇共26篇，是庄子门徒或后学所著。内篇最集中表现庄子哲学的是《齐物论》《逍遥游》《大宗师》等。《庄子》是我国古代典籍中的瑰宝，它的出现标志了在战国时代我国的哲学思想和文学语言，已经发展到非常高深的水平。

庄子在哲学上继承发扬了老子和道家的思想，形成了自己独特的哲学思想体系和独特的学风文风。他认为“道”是客观真实的存在，把“道”视为宇宙万物的本源，讲天道自然无为。他在政治上主张无为而治，在人类生存方式上主张返朴归真。他把提倡仁义和是非看作加诸在人身上的刑罚，对当时统治者的“仁义”和“法治”进行抨击，对世俗社会的礼、法、权、势进行了尖锐的批判，提出了“圣人不死，大盗不止”“窃钩者诛，窃国者为诸侯”的精辟见解。在人类生存方式上，他崇尚自然，提倡“天地与我并生，万物与我为一”的精神境界，并且认为人生的最高境界是逍遥自得，是绝对的精神自由，而不是物质享受与虚伪的名誉。庄子这些思想和主张，对后世影响深远，是人类思想史上一笔宝贵的精神财富。

编　者

目录

内篇

外篇

杂篇

【内　篇】

逍遥游（节选）

【题　解】

“逍遥”意思是优游自得的样子，“逍遥游”就是没有任何束缚地、自由自在地活动。

本篇是《庄子》的代表篇目之一，充满奇特的想象和浪漫的色彩，寓说理于寓言和生动的比喻中，形成独特的风格。“逍遥游”也是庄子哲学思想的一个重要方面。全篇一再阐述无所依凭的主张，追求精神世界的绝对自由。在庄子的眼里，客观现实中的一事一物，包括人类本身，都是对立而又相互依存的，没有绝对的自由，要想无所依凭就得无己。因此，他希望一切顺乎自然，超脱于现实，否定人在社会生活中的一切作用，把人类的生活与万物的生存混为一体，提倡不滞于物，追求无条件的精神自由。

【原　文】

北冥①有鱼，其名曰鲲②。鲲之大，不知其几千里也。化而为鸟，其名为鹏③。鹏之背，不知其几千里也，怒④而飞，其翼若垂[5]天之云。是鸟也,海运则将徙[6]于南冥。南冥者,天池[7]也。

【注 释】

①冥:大海。“北冥”,就是北方的大海。

②鲲:本指鱼卵,这里借指大鱼之名。

③鹏:这里指大鸟之名。

④怒:奋起。

⑤垂:边远。

⑥海运:海水运动,这里指汹涌的海涛。徙:迁移。

⑦天池:天然形成的大池。

【译 文】

北方的大海里有一条鱼,它的名字为鲲。鲲的体积,不知道大到几千里。变化成为鸟,它的名字就叫鹏。鹏的脊背,不知道长到几千里。当它奋起而飞的时候,那展开的双翅就像天边的云。这只鹏鸟呀,随着海上汹涌的波涛迁徙到南方的大海。南方的大海是个天然形成的大池。

【原　文】

惠子[1]谓庄子曰："魏王贻我大瓠[2]之种，我树之成而实五石。以盛水浆，其坚不能自举也。剖之以为瓢，则瓠落[3]无所容。非不呺然[4]大也，吾为其无用而掊之。"庄子曰："夫子固拙于用大矣！宋人有善为不龟[5]手之药者，世世以洴澼絖[6]为事。客闻之，请买其方百金。聚族而谋曰：'我世世为洴澼絖，不过数金，今一朝而鬻技百金，请与之。'客得之，以说吴王。越有难[7]，吴王使之将。冬，与越人水战，大败越人，裂[8]地而封之。能不龟手一也，或以封，或不免于洴澼絖，则所用之异也。今子有五石之瓠，何不虑以为大樽[9]而浮乎江湖，而忧其瓠落无所容？则夫子犹有蓬之心[10]也夫！"

【注 释】

①惠子：宋国人，姓惠名施，做过梁惠王的相。

②贻：赠送。瓠：葫芦。

③瓠落：很大很大的样子。

④呺然：庞大而又中空的样子。

⑤龟：通“皲”，皮肤受冻开裂。

⑥洴：浮。澼：在水中漂洗。絖：丝絮。

⑦难：发难，这里指越国对吴国有军事行动。

⑧裂：划分出。

⑨虑：考虑。用绳络缀结。樽：本为酒器，这里指形似酒樽、可以拴在身上的一种凫水工具，俗称腰舟。

⑩蓬：草名，其状弯曲不直。“有蓬之心”喻指见识浅薄不能通晓大道理。

【译 文】

惠子对庄子说：“魏王送我大葫芦的种子，我将它培植起来后，结出的果实有五石容积。用大葫芦去盛水浆，可是它的坚固程度承受不了水的压力，无法拿起来。把它剖开做瓢也太大了，没有什么地方可以放得下。这个葫芦不是不大呀，可我认为它没有什么用处而砸烂了它。”庄子说：“先生实在是不善于使用大东西啊！宋国有一善于调制不皲手药物的人家，世世代代以漂洗丝絮为生。有个游客听说了这件事，愿意用百金的高价收买他的药方。全家人聚集在一起商量：‘我们世世代代在河水里漂洗丝絮，所得不过数金，如今一下子就可卖得百金。还是把药方卖给他吧。’游客得到药方，前往游说吴王。正巧越国发难，吴王就派他统率部队。冬天他率军跟越军在水上交战，大败越军，吴王划割土地封赏他。能使手不皲裂的药方是同样的，有的人用他来获得封赏，有的人却只能靠它在水中漂洗丝絮，这是使用的方法不同。如今你有五石容积的大葫芦，怎么不考虑用它来制成腰舟，浮游于江湖之上，却担忧葫芦太大无处可容呢？看来先生你还是心窍不通啊！”

齐物论（节选）

【题　解】

本篇是《庄子》的又一代表篇目。“齐物论”包含“齐物”与“齐论”两个意思。“齐”是齐同、齐一的意思；“物”指宇宙万物；“论”指思想言论。庄子认为世界万物包括人的品性和感情，看起来千差万别，归根结底又是齐一的，这就是“齐物”。庄子还认为人们的各种看法和观点，看起来也是千差万别的，但世间万物既是齐一的，言论归根结底也应是齐一的，没有所谓是非和不同，这就是“齐论”。“齐物”和“齐论”合在一起便是本篇的主旨。

【原　文】

劳神明为一[1]，而不知其同[2]也，谓之“朝三”[3]。何谓“朝三”？狙公赋芧[4]，曰：“朝三而暮四。”众狙皆怒。曰：“然则朝四而暮三。”众狙皆悦。名实未亏而喜怒为用[5]，亦因是也。是以圣人和之以是非而休乎天钧[6]，是之谓两行[7]。

【注 释】

①劳：操劳、耗费。神明：心思，指精神和才智。为一：了解、认识事物浑然一体、不可分割的道理。

②同：具有同一的性状和特点。

③朝三："朝三""暮四"的故事《列子·黄帝篇》亦有记载。朝是早晨，暮是夜晚，三和四表示数量，即三升、四升。

④狙：猴子。狙公：养猴子的人。赋：给予。芧：橡子。

⑤亏：亏损。为用：为之所用，意思是喜怒因此而有所变化。

⑥和：调和、混用。"和之以是非"即"以是非和之"，把是和非混同起来。休：本指休息，这里含有悠游自得的意思。钧：通作"均"，"天钧"即自然而又均衡。

⑦两行：物与我，即自然界与自我的精神世界都能各得其所，自行发展。

【译 文】

有人费尽心智以谋求"一致"，却不知道他们本来就是相同的，这就是所谓"朝三"。什么叫作"朝三"呢？有个养猴老人给猕猴分发橡子。他说："早晨给三升，晚上给四升。"众猕猴都愤怒。养猴老人改口说："那就早晨给四升，晚上给三升。"众猕猴都高兴。名义和实际都没有减少，但猕猴们的喜怒却因变换言辞而前后不同，也不过是顺着猕猴的心理习惯罢了。所以圣人会在是与非之间调和，随顺自然，保持均衡，这就叫作物与我各得其所，自行发展。

【原 文】

有成与亏，故昭氏[1]之鼓琴也；无成与亏，故昭氏之不鼓琴也。昭文之鼓琴也，师旷之枝策[2]也，惠子之据梧[3]也，三子之知几[4]乎！皆其盛者也，故载之末年。唯其好之[5]也，以异于彼，其好之也，欲以明之。彼非所明而明之，故以坚白之昧[6]终。而其子又以文之纶[7]终，终身无成。若是而可谓成乎，虽我亦成也；若是而不可谓成乎，物与我无成也。是故滑疑[8]之耀，圣人之所图[9]也。为是不用而寓诸庸，此之谓“以明”。

【注　释】

①昭氏：昭文，以善于弹琴著称。

②师旷：晋平公时的著名乐师。枝策：用作动词，用枝或策叩击节拍，犹如今天的打拍子。

③据：依。梧：树名。"据梧"意思就是靠着梧桐树与人辩论。

④几：尽，意思是达到了顶点。

⑤好：喜好。"好之"意思是各自喜好自己的专长和学识。

⑥坚白：石的颜色白而质地坚，但"白"和"坚"都独立于"石"之外。公孙龙曾有"坚白论"之说。昧：迷昧。

⑦其子：昭文之子。纶：绪，这里指继承昭文的事业。

⑧滑疑：纷乱的样子，这里指各种迷乱人心的辩说。

⑨图：瞧不起、摒弃的意思。

【译　文】

事情有成功与失败，好比昭文弹琴。事情没有成功与失败，好比昭文不弹琴。昭文善于弹琴，师旷持杖击节，惠子倚梧桐树与人辩论，他们三位的技艺差不多，都是登峰造极的。所以他们享誉毕生，他们的事迹得到记载并流传下来。他们都爱好自己的学问与技艺，因而跟别人大不一样。他们爱好这个，所以希望能显示自己的才能。别人都不领会这个，你非要向他展示，这样就好像"坚白论"这种学说一样，让人迷惑不解。昭文的儿子继承父业，耗费毕生精力，

但终身无所成就，像这样能说是成功吗？若是果真这样，那即使我没有成就，也可以说我成功了。像这样便不可以称为成功吗？外界事物和我本身就都没有什么成功可言。因此，迷乱世人的夸耀，正是圣人所要革除抛弃的。所以，圣人用不着夸耀于人而只需关照事物各自的功用，这才是用事物的本然观察事物而求得真实的理解。

【原　文】

罔两问景[①]曰："曩[②]子行，今子止；曩子坐，今子起。何其无特操[③]与？"景曰："吾有待[④]而然者邪？吾所待又有待而然者邪？吾待蛇蚹蜩[⑤]翼邪？恶识所以然？恶识所以不然?"

昔者庄周梦为胡蝶,栩栩然⑥胡蝶也,自喻适志⑦与!不知周也。俄然⑧觉,则蘧蘧然⑨周也。不知周之梦为胡蝶与?胡蝶之梦为周与?周与胡蝶,则必有分矣。此之谓"物化"⑩。

【注释】

①罔两:影子之外的微阴。景:影子;这个意义后代写作"影"。

②曩:以往,从前。

③特:独。操:操守。

④待:依靠,凭借。

⑤蚹:蛇肚腹下的横鳞,蛇赖此行走。蜩:蝉。

⑥栩栩然:欣然自得的样子。

⑦喻:通"愉",愉快。适志:合乎心意,心情愉快。

⑧俄然:突然。

⑨蘧蘧然:惊惶的样子。

⑩物化:事物自身的变化。根据本段文意,所谓变化即外物与自我的交合,推进一步,一切事物也都浑而为一。

【译文】

影子之外的微阴问影子:"先前你行走,现在又停下;以往你坐着,如今又站了起来。你怎么没有自己独立的操守

呢?"影子回答说:"我是有所依赖才这样的吗?是我所依赖的东西又有所依赖才这样的吗?我依赖那些就像蛇依赖鳞皮或是蝉依赖翅膀一样吗?我怎么知道为什么会这样?又怎么知道为什么不会这样?"

从前庄周梦见自己变成了蝴蝶,翩翩然飞动着的蝴蝶,自己觉得很得意,忘了自己是庄周。忽然醒来了,又惊惶不定地发现自己是庄周无疑。不知道是庄周梦中变成蝴蝶了呢,还是蝴蝶梦中变成庄周了呢?庄周与蝴蝶,那必定是有区分的。这就称为物、我的交合与变化。

养生主(节选)

【题解】

这是一篇谈养生之道的文章。“养生主”的意思就是养生的要领。庄子认为,养生之道重在顺应自然,忘却情感,不为外物所滞。庄子思想的中心:一是无所依凭、自由自在;二是反对人为、顺其自然。本文字里行间虽是谈论养生,实际上是在体现作者的哲学思想和生活旨趣。

【原文】

吾生也有涯,而知也无涯。以有涯随无涯,殆已!已而为知者,殆而已矣!为善无近[1]名,为恶无近刑。缘督以为经[2],可以保身,可以全生[3],可以养亲[4],可以尽年。

【注释】

①近:接近,这里含有追求、贪图的意思。

②缘:顺着,遵循。督:中,正道。中医有奇经八脉之说,督脉即身背之中脉,具有总督诸阳经之作用;“缘督”就是顺从自然之中道的含意。经:常。

③生：天性、资质。“全生”的意思是保全天性。

④亲：“真君”，精神。

【译　文】

我的生命是有限的，而知识是无穷无尽的。以有限的生命去追求无限的知识，就会搞得精疲力竭！已经明白这个道理了却还要执着地追求知识，就只能弄得疲困了。做好事不要为了名利，做坏事不能触犯刑律。因循着自然之理，遵循人生的正道，那就可以保养身体，可以保全天性，可以修炼精神，可以终享天年了。

【原　文】

庖丁为文惠君解[①]牛，手之所触，肩之所倚，足之所履，膝之所踦[②]，砉然响然[③]，奏刀騞然[④]，莫不中音，合于《桑林》之舞[⑤]，乃中《经首》之会[⑥]。

文惠君曰："嘻，善哉！技盍至此乎？"庖丁释刀对曰："臣之所好者道[⑦]也，进乎技矣。始臣之解牛之时，所见无非全牛者；三年之后，未尝见全牛也；方今之时，臣以神遇而不以目视，官知止而神欲行。依乎天理[⑧]，批大郤[⑨]，导大窾，因其固然。技经肯綮之未尝[⑩]，而况大軱[⑪]乎！良庖岁更刀，割也；族庖[⑫]月更刀，折也；今臣之刀十九年矣，所解数千牛矣，而刀刃若新发于硎[⑬]。彼节者有间而刀刃者无厚，以无厚入有间，恢恢乎其于游刃[⑭]必有余地矣。是以十九年而刀刃若新发于硎。虽然，每至于族，吾见其难为，怵然为戒，视为止，行为迟，动刀甚微。謋然已解，如土委地。提刀而立，为之四顾，为之踌躇满志，善[⑮]刀而藏之。"

文惠君曰："善哉！吾闻庖丁之言，得养生焉。"

【注　释】

①庖：厨房。"庖丁"即厨师。为：替，给。解：剖开、分解。

②踦：用膝抵住。

③砉然：皮肉分离的声音。响然：多种声音相互响应的样子。

④奏:进。騞然:以刀快速割牛的声音。

⑤桑林:传说中的殷商时代的乐曲名。“桑林之舞”,意思是用桑林乐曲伴奏的舞蹈。

⑥经首:传说中帝尧时代的乐曲名。会:乐律,节奏。

⑦好:喜好。道:事物的规律。

⑧天理:自然的纹理,这里指牛体的自然结构。

⑨郤:缝隙,这里指牛体筋腱骨胳间的空隙。

⑩技:据清俞樾考证,当是“枝”字之误,指支脉。经:经脉。“技经”指经络结聚的地方。肯:附在骨上的肉。綮:骨肉连接很紧的地方。未:不曾。尝:尝试。

⑪軱:大骨。

⑫族庖:一般的厨师。

⑬硎:磨刀石。

⑭恢恢:宽广。游刃:运转的刀刃。

⑮善:揩拭。

【译 文】

庖丁给文惠君宰牛,分解牛体时手接触的地方、肩靠着的地方、脚踩踏的地方、膝抵住的地方,皮肉筋骨发出的咔嚓咔嚓的声响,快速进刀时刷刷的声音,无不像美妙的音乐旋律,符合《桑林》舞曲的节奏,又合于《经首》乐曲的乐律。

文惠君说:“啊,太妙了!你的技术为什么能达到这样高的境界?”庖丁放下刀回答说:“我所追求的是‘道’,远远

超过了对技术的追求。起初我宰牛的时候,所看见的是整头的牛。三年之后,再看牛就是牛的部件结构而不是整头牛了。到了现在,我是用心神去接触而不是用眼睛看,视觉作用停止时,心神依然在运作。顺着牛体的生理纹路,剖开骨肉中的间隙,导入骨节间的空隙,循着牛的生理结构运刀。连经络纷错之处也没有一点感到妨碍,何况那大骨头呢!好的厨师每年换一次刀,因为他是用刀割。一般的厨师每月换一次刀,因为他是用刀砍。现在我的这把刀已经用了十九年了,所宰杀之牛有数千头了,可是刀刃还像刚在磨刀石上磨过的一样。牛的骨节是有间隙的,而刀刃几乎没有什么厚度。用薄薄的刀刃插入有空隙的骨节和组合部位间,对于刀刃的运转和回旋来说那是多么宽绰而有余地呀。所以我的刀使用了十九年,刀锋仍像刚在磨刀石上磨过一样。虽然这样,每当遇上筋腱、骨节聚结交错的地方,我看到它难以下刀，还是会格外谨慎不敢大意，目光专注，动作迟缓，动刀十分轻微。牛体霍霍地全部分解开来，就像是一堆泥土堆放在地上。于是我提着刀站在那儿，环顾四周，心满意足，这才擦拭好刀收藏起来。”文惠君说：“太好了，我听了庖丁的这一番话，从中悟出了养生的真谛了。”

【原　文】

老聃死，秦失吊之，三号①而出。弟子曰：“非夫子之友邪？”曰：“然。”“然则吊焉若此可乎？”曰：“然。始也吾以为其人②也，而今非也。向③吾入而吊焉，有老者哭之，如哭其子；少者哭之，如哭其母。彼其所以会④之，必有不蕲言而言，不蕲哭而哭者。是遁天倍⑤情，忘其所受⑥，古者谓之遁天之刑⑦。适来⑧，夫子⑨时也；适去，夫子顺也。安时而处顺，哀乐不能入也，古者谓是帝之县⑩解。”

指穷于为薪，火传也，不知其尽也。

【注　释】

①号：这里指大声地哭。

②其人：与秦失对话的哭泣者。

③向：刚才。

④彼其：哭泣者，即前四句中的“老者”和“少者”。所以：……的原因。

会:聚,碰在一块。

⑤遁:失去,逃避,违反。倍:通“背”,背弃的意思。

⑥忘其所受:忘掉了受命于天的道理。

⑦刑:过失。

⑧适:偶然。来:来到世上,与下一句的“去”讲作离开人世相对立;这里的“来”“去”实指人的生和死。

⑨夫子:老聃。

⑩帝:天,万物的主宰。县:通“悬”,倒挂。

【译 文】

老聃死了,他的朋友秦失来吊丧,大哭几声便离开了。老聃的弟子问道:“你不是我们老师的朋友吗?”秦失说:“是

的。”弟子们又问：“那么吊唁朋友像这样，可以吗？”秦失说：“可以。原来我认为你们跟随老师多年都是超脱物外的人了，现在看来并不是这样的。刚才我进入灵房吊唁，有老年人在哭他，像做父母的哭自己的孩子；有年轻人在哭他，像做孩子的哭自己的父母。他们之所以汇聚在这里，一定有人本不想说什么却情不自禁地诉说了什么，本不想哭泣却情不自禁地痛哭起来。如此喜生恶死是违反常理、背弃真情的，他们都忘掉了人应秉承于自然、受命于天的道理，古时候人们称这种做法就是背离自然的过失。偶然来到世上，你们的老师他应时而生；偶然离开人世，你们的老师他顺依而死。安于天理和常分，顺从自然和变化，哀伤和欢乐

便都不能进入心怀，古时候人们称这样做就是自然的解脱，好像解除倒悬之苦似的。”

脂膏作为柴薪终会燃尽，而火种却会传续下来，永远不会熄灭。

人间世(节选)

【题　解】

《人间世》的中心是讨论处世之道,既表述了庄子所主张的处人与自处的人生态度,也揭示了庄子处世的哲学观点。

【原　文】

颜回见仲尼[①],请行。曰:“奚之?”曰:“将之卫。”曰:“奚为焉?”曰:“回闻卫君,其年壮,其行独。轻用其国而不见其过。轻用民死,死者以国量,乎泽若蕉[②],民其无如[③]矣!回尝闻之夫子曰:‘治国去之,乱国就之,医门多疾。’愿以所闻思其则,庶几其国有瘳[④]乎!”

仲尼曰:“嘻!若殆往而刑[⑤]耳!夫道不欲杂,杂则多,多则扰,扰则忧,忧而不救。古之至人,先存[⑥]诸己而后存诸人。所存于己者未定,何暇至于暴人[⑦]之所行!且若亦知夫德之所荡而知之所为[⑧]出乎哉?德荡乎名,知出乎争。名也者,相轧[⑨]也;知也者争之器也。二者凶器,非所以尽行也。”

【注　释】

①颜回：孔子的弟子，曹姓，颜氏，名回，字渊，鲁国人。仲尼：孔子的字。孔子与颜回的这段谈话完全出自假托。

②蕉：草芥。

③如：往。“无如”意思是没有归往的地方。

④庶几：也许可以；含有希望的意思。瘳（chōu）：病愈，这里指国家恢复了元气。

⑤殆：恐怕，大概。刑：遭受刑戮。

⑥存：存立，这里指道德修养的建立。

⑦暴人：施政暴虐的人，这里指卫国国君。

⑧荡：丧失，毁坏。所为：……的原因。

⑨轧：倾轧。

【译　文】

颜回拜见老师仲尼，请求同意他出远门。孔子说：“到哪里去呢？”颜回回答：“打算去卫国。”孔子说：“去卫国干什么呢？”颜回说：“我听说卫国的国君，他正年轻，办事专断，轻率地处理政事，却看不到自己的过失。他轻率地役使百姓使人民大量死亡，死人遍及全国不可称数，就像大泽中的草芥一样，百姓都失去了可以归往的地方。我曾听老师说：‘治理得好的国家可以离开它。治理得不好的国家却要去到那里，就好像医生门前病人多一样。’我希望根据老师

的这些教诲思考治理卫国的办法，卫国也许还能逐步恢复元气吧！”

孔子说：“唉！你恐怕去到卫国就会遭到杀害啊！推行大道是不宜掺杂的，杂乱了就会事绪繁多，事绪繁多就会心生扰乱，心生扰乱就会产生忧患，忧患多了也就自身难保，更何谈拯救国家。古时候道德修养高尚的圣人，总是先使自己日臻成熟方才去扶助他人。如今你在自己的道德修养方面还没有什么建树，哪里还有什么工夫到暴君那里去推行大道！“你懂得道德毁败和智慧表露的原因吗？道德的毁败在于追求名声，智慧的表露在于争辩是非。名声是人们互相倾轧的原因，智慧是人们互相争斗的工具。二者都像是凶器，不可以将它推行于世。”

【原　文】

汝不知夫螳螂乎？怒其臂以当车辙①，不知其不胜任也，是其才之美者也。戒之，慎之！积伐而②美者以范之，几③矣。

汝不知夫养虎者乎？不敢以生物④与之，为其杀之之怒也⑤；不敢以全物与之，与其决之之怒也。时其饥饱，达其怒心。虎之与人异类⑥，而媚⑦养己者，顺也；故其杀者，逆也。

夫爱马者，以筐盛矢⑧，以蜃盛溺⑨。适有蚊虻仆缘⑩，而拊⑪之不时，则缺衔毁首碎胸⑫。意有所至而爱有所亡，可不慎邪？

【注　释】

①怒：奋起。当：阻挡。辙：车轮行过的印记。

②积：长期不断地。伐：夸耀。而：你。

③几：危险。

④生物：活物。

⑤为其杀之之怒也：唯恐它扑杀活物时而诱发残杀生物的怒气。

⑥异类：不同类。

⑦媚：喜爱。

⑧矢：屎，粪便。

⑨蜃：大蛤，这里指蛤壳。溺：尿。

⑩蚊虻：牛虻。仆缘：附着，指叮在马身上。

⑪拊：拍击。

⑫衔：马勒口。“缺衔”指咬断了勒口。首：辔头。“毁首”指挣断了辔头。胸：胸饰。“碎胸”指弄坏了络饰。

【译　文】

你不了解那螳螂吗？它奋起臂膀去阻挡滚动的车轮，不明白自己的力量全然不能胜任，还自以为才高智盛很有力量。警惕呀，谨慎呀！经常夸耀自己的才智而触犯了他，就危险了！

你不了解那养虎的人吗？他从不敢用活物去喂养老虎，因为他担心扑杀活物会激起老虎凶残的怒气；他也从不

敢用整个的动物去喂养老虎,因为他担心撕裂动物也会诱发老虎凶残的怒气。他知道老虎饥饱的时刻,通晓老虎暴戾凶残的秉性。老虎与人不同类却向饲养人摇尾乞怜,原因就是养老虎的人能顺应老虎的性子,而那些遭到虐杀的人,是因为触犯了老虎的性情。

爱马的人,以精细的竹筐装马粪,用珍贵的蛤壳装马尿。刚巧一只牛虻叮在马身上,爱马之人出于爱惜随手拍击,没想到马儿受惊便咬断勒口、挣断辔头、弄坏胸络。意在爱马却失其所爱,还能够不谨慎吗!

德充符(节选)

【题　解】

本篇的中心在于讨论人的精神世界,应该怎样反映宇宙万物的本源观念和一体性观念。庄子在本篇里所说的"德",并非通常理解的道德或德行,而是一种心态。庄子认为宇宙万物均源于"道",而万事万物尽管千差万别,归根结底又都浑然为一,从这两点出发,体现在人的观念上便是应"忘形"与"忘情"。所谓"忘形"就是物我俱化,死生同一;所谓"忘情"就是不存在宠辱、贵贱、好恶、是非。这种"忘形"与"忘情"的精神状态就是庄子笔下的"德"。"充"指充实,"符"则是证验的意思。

【原　文】

鲁有兀者王骀[①],从之游者与仲尼相若。常季[②]问于仲尼曰:"王骀,兀者也。从之游者与夫子中分鲁[③]。立不教,坐不议;虚而往,实而归。固有不言之教,无形而心成[④]者邪?是何人也?"仲尼曰:"夫子,圣人也,丘也直后[⑤]而未往耳。丘将以为师,而况不若丘者乎!奚[⑥]假鲁国,丘将引天下而与从之。"

【注　释】

①兀者：受过刖(yuè)刑只剩一只脚的人。王骀(dài)：假托的人名。

②常季：鲁国贤人，传说为孔子弟子。

③中分鲁：在鲁国平分，意思是在鲁国彼此间差不多，不分上下。

④无形：不具有完整的形体。心成：内心世界达到成熟的境界。

⑤直：仅、只的意思。后：意思是落在对方的后面。

⑥奚：何。

【译　文】

鲁国有个被砍掉一只脚的人，名叫王骀，可是跟从他学习的人却像孔子的门徒一样多。孔子的学生常季向孔子问道："王骀是个被砍去了一只脚的人，跟从他学习的人在鲁

国却和先生的弟子相当。他站着不能给人教诲，坐着不能议论大事；弟子们却空怀而来，学满而归。难道确有不用言表的教导，身残体秽的人的内心世界也能达到成熟的境界吗？这又是什么样的人呢？”孔子回答说：“王骀先生是一位圣人，与他相比我太落后了，只是我还没有前往求教罢了。我将以他为师，又何况不如我的人呢！何止鲁国，我将引领天下的人跟从他学习。”

【原　文】

常季曰：“彼兀者也，而王先生①，其与庸亦远矣②。若然者，其用心也，独若之何③？”仲尼曰：“死生亦大矣，而不得与之变；虽天地覆坠，亦将不与之遗④；审乎无假⑤而不与物迁，命物之化而守其宗⑥也。”

常季曰：“何谓也？”仲尼曰：“自其异者视之，肝胆楚越也⑦；自其同者视之，万物皆一⑧也。夫若然者，且不知耳目之所宜⑨，而游心乎德之和⑩。物视其所一而不见其所丧⑪，视丧其足犹遗土也。”

【注　释】

①王：突出、超过的意思。“王先生”即远远超过了先生。

②庸:平庸,这里指平常的人。“其与庸亦远矣”,是说他跟平常人相比也就相差很远很远了。

③若之何:如何,怎么样。

④遗:失。“不与之遗”是说不会随着天翻地覆的情况而丧失。

⑤审:明悉,通晓。假:凭依。“无假”即是“无待”。

⑥命:任。“命物之化”就是听任事物的变化。宗:本,主旨。

⑦肝胆楚越:肝胆两种器官紧紧相连,楚越两国相去甚远,喻指邻近的肝胆同于一体之中也像是楚越那样相去甚远。

⑧一:同一,一样的。

⑨耳目之所宜:只适宜于听觉、视觉的东西。

⑩游心:使心灵自由驰骋遨游。和:混同。

⑪所一:同一的方面。所丧:失去而引起差异的一面。

【译　文】

常季说:“他是一个被砍去了一只脚的人,而学识和品行竟超过了先生,跟平常人相比差得就更远了。像这样的人,他的心智是怎样与众不同的呢?”仲尼回答说:“死或生都是人生变化中的大事了,可是死或生都不能使他随之变化;即使天翻过来、地坠下去,他也不会因此而毁灭;他通晓真理而不随物变迁,听凭事物变化而信守自己的原则。”

常季说:“这是什么意思呢?”孔子说:“从实物千差万别的一面去看,邻近的肝胆虽同处于一体之中也像楚国和越国那样相距很远;从事物相同的一面去看,万事万物又都是

同一的。像这样的人，不知道耳朵眼睛最适宜何种声音和色彩，而让自己的心思自由自在地遨游在忘形、忘情的浑同境域之中。外物看到了它同一的方面却看不到它因失去而引起差异的一面，因而看到丧失了一只脚就像是丢了块泥巴一样。”

【原 文】

常季曰："彼为己[1]，以其知得其心，以其心得其常心[2]。物何为最[3]之哉?"仲尼曰："人莫鉴于流水而鉴于止水[4]，唯止能止众止[5]。受命于地，唯松柏独也在，冬夏青青；受命于天，唯舜独也正，幸能正生[⑥]，以正众生[⑦]。夫保始之征[⑧]，不惧之实，勇士一人，雄入于九军[⑨]。将求名而能自要[⑩]者而犹若是，而况官[⑪]天地，府[⑫]万物，直寓六骸[⑬]，象耳目，一知[⑭]之所知而心未尝死者乎！彼且择日而登假[⑮]，人则从是也。彼且何肯以物为事乎！”

【注释】

①为己：修己。

②常心：真常之心，即忘知忘觉、无思无虑的心境。

③物：外物，这里指众多的门徒。何为：为何，为什么。最：音、义均同“聚”。

④鉴：照看，审察的意思。远古无镜子，人们对着盛有水的器皿照看就像今天照镜子一样，故有“鉴于止水”而“莫鉴于流水”的说法。

⑤唯止能止众止：唯有静止之物方能照人，方能使别的东西也静止下来。

⑥生：天性，资质。“正生”：正己，指端正自己的品行。

⑦正众生：端正他人的品行。

⑧始：本初之态。征：迹象。

⑨九：非实数。“九军”喻指千军万马。

⑩要：求取。

⑪官：主宰。

⑫府：包藏。

⑬寓六骸：把自身的躯体当作寓所。

⑭一知：自然赋予的智慧。

⑮假：通“格”，至，到。

【译 文】

常季说："王骀修养自身，用他的智慧坚守他的心灵，用他的心灵体悟永恒不变的思想。如果不是达到了忘情、忘形的境界，众多的弟子为什么纷纷聚集在他的身边呢？"孔子回答说："一个人不能在流动的水面照见自己的身影而是要面向静止的水面，只有静止的事物才能使别的事物也静止下来。各种树木都受命于地，但只有松树、柏树无论冬夏都郁郁青青；每个人都受命于天，但只有虞舜道德品行最为端正。他们都善于端正自己的品行，因而能端正他人的品行。信守当初的诺言，心怀无所畏惧的胆识，勇士只身一人，也敢称雄于千军万马。一心追逐名利而自我索求的人，尚且能够这样，何况那主宰天地，包藏万物，把躯体当作寓

所，把耳目当作外表，掌握了自然赋予的智慧所通解的道理，而精神世界又从不曾有过衰竭的人呢！他定将选择好日子升登最高的境界，人们将紧紧地跟随着他。他还怎么会把这些俗事当回事呢！”

【原　文】

惠子[1]谓庄子曰："人故无情乎？"庄子曰："然。"惠子曰："人而无情，何以谓之人？"庄子曰："道与[2]之貌，天与之形，恶得不谓之人？"惠子曰："既谓之人，恶得无情？"庄子曰："是非吾所谓情也。吾所谓无情者，言人之不以好恶内伤其身，常因自然而不益生也。"惠子曰："不益生，何以有其身？"庄子曰："道与之貌，天与之形，无以好恶内伤其身。今子外乎子之神，劳③乎子之精，倚树而吟，据槁梧而瞑④，天选⑤子之形，子以坚白⑥鸣！"

【注　释】

①惠子：惠施，名家的代表人物。

②与：赋予。

③劳：耗费。

④据：靠，凭依。槁梧：用梧桐木做成的几案。瞑：同"眠"，假寐的意思。

⑤天选：自然的授予。

⑥坚白："坚白"论是古代名家的著名言论，它以石为喻，指石之白色与石之坚质都独立于"石"。

【译　文】

惠子对庄子说："人原本就是没有情的吗？"庄子说："是的。"惠子说："一个人若没有情，为什么还能称作人呢？"庄子说："道赋予人容貌，天赋予人形体，怎么能不称作人呢？"惠子说："既然已经称作了人，又怎么能够没有情？"庄子回答说："这并不是我所说的情呀。我所说的无情，是说人不

因好恶而伤害自身的本性，常常顺应自然而不随意增添些什么。”惠子说：“不添加什么，靠什么来保有自己的身体呢？”庄子回答说：“道赋予人容貌，天赋予人形体，可不要因外在的好恶而伤害了自己的本性。如今你外露你的心神，耗费你的精力，靠着树干吟咏，凭依几案闭目假寐。自然授予了你的形体，你却以‘坚白’的诡辩而自鸣得意！”

大宗师(节选)

【题 解】

"宗"指敬仰、尊崇,"大宗师"意思是最值得敬仰、尊崇的老师。谁能被称作这样的老师呢?那就是"道"。庄子认为自然和人是浑一的,人的生死变化是没有什么区别的,因而他主张清心寂神,离形去智,忘却生死,顺应自然。这就叫作"道"。

【原 文】

泉涸①,鱼相与处于陆,相呴②以湿,相濡以沫③,不如相忘于江湖。与其誉尧而非桀也,不如两忘而化④其道。夫大块⑤载我以形,劳我以生,佚⑥我以老,息我以死。故善吾生者,乃所以善死也。

【注 释】

①涸:水干。

②呴:张口出气。

③濡:沾湿的意思。沫:唾沫,即口水。

④化:这里是溶解、混同的意思。

⑤大块:大地。这里可以理解为大自然。

⑥佚:闲逸的意思。

【译 文】

泉水干涸了,鱼儿困在陆地上相互依偎,互相大口出气来取得一点湿气,以唾沫相互润湿,还不如昔日不相识时独自在江湖中畅游痛快。与其赞誉尧的圣明而非议桀的暴虐,不如把他们都忘掉而融化混同于“道”。自然承载着我的形体,让我通过劳动来生存,让我安逸地度过晚年,最后让我以死亡得到安息。所以,把我的存在看作好事的,也就可以把我的死亡看作好事。

【原 文】

子桑户、孟子反、子琴张[①]三人相与友曰："孰能相与于无相与，相为于无相为；孰能登天游雾，挠挑无极[②]，相忘以生，无所终穷？"三人相视而笑，莫逆于心，遂相与为友。莫然有间[③]，而子桑户死，未葬。孔子闻之，使子贡往侍事[④]焉。或编曲，或鼓琴，相和而歌曰："嗟来[⑤]桑户乎！嗟来桑户乎！而已反其真[⑥]，而我犹为人猗[⑦]！"子贡趋而进曰："敢问临尸而歌，礼乎？"二人相视而笑曰："是恶知礼意！"子贡反，以告孔子曰："彼何人者邪？修行无有而外其形骸，临尸而歌，颜色不变，无以命[⑧]之。彼何人者邪？"孔子曰："彼游方之外[⑨]者也，而丘游方之内者也。外内不相及，而丘使女往吊之，丘则陋矣！"彼方且与造物者为人[⑩]，而游乎天地之一气。彼以生为附赘县疣[⑪]，以死为决疣溃痈[⑫]。夫若然者，又恶知死生先后之所在！假于异物[⑬]，托于同体；忘其肝胆，遗其耳目；反复终始[⑭]，不知端倪；芒然彷徨乎尘垢之外，逍遥乎无为之业。彼又恶能愦愦然为世俗之礼[⑮]，以观众人之耳目哉[⑯]！

【注 释】

①子桑户、孟子反、子琴张：庄子假托的人名。

②挠挑：循环升登。无极：这里指没有穷尽的太空。

③莫然有间：顷刻之间。

④侍事：帮助办理丧事。

⑤嗟来："嗟乎"。

⑥而：你。反：通"返"，返回。真：本真。"反其真"意思就是返归自然。

⑦猗：表示感叹语气。

⑧命：命名，形容。

⑨游方之外：遨游于尘世之外，即出世。下文"游方之内"，即入世。方：六方，方域，即尘世。

⑩为人：为偶，为伴的意思。人，偶。

⑪附赘县疣：人体上多生的肿瘤。县，同"悬"。

⑫为决疿溃痈：决，溃烂，破溃淌脓。疿、痈，指毒疮之类。

⑬假：此与下一句中的"托"，都可以解释为"寄托"。

⑭反复终始：生死变化如循环往复，周而复始。

⑮愦愦然：昏乱糊涂。

⑯观：炫耀，被示于。

【译　文】

子桑户、孟子反、子琴张三人相与为友，说："谁能够相互交往于无心交往之中，相互有所帮助却像没有帮助一样？谁能登上高天巡游雾里，循环升登于无穷的太空，忘掉自己的存在，而永远没有终结和穷尽？"三人会心地相视而笑，心意相投于是相互结成好友。过了不久，子桑户死了，还没有下葬。孔子知道了，派弟子子贡前去帮助料理丧事。孟子

反和子琴张却一个在编曲，一个在弹琴，相互应和着唱歌：“哎呀，子桑户啊！哎呀，子桑户啊！你已经返归本真，可是我们还作为活着的人而托载形骸呀！”子贡听了快步走到他们近前，说：“我冒昧地请教，对着死人的尸体唱歌，这合乎礼仪吗？”二人相视笑了笑，说：“你这种人怎么会懂得‘礼’的真实含义！”子贡回来后把见到的情况告诉给孔子，说：“他们都是些什么样的人呢？不看重德行的培养而无有礼仪，把自身的形骸置之度外，面对着尸体还要唱歌，容颜和脸色一点也不改变，没有什么办法可以用来形容他们。他们究竟是些什么样的人呢？”孔子说：“他们都是些摆脱礼仪约束而逍遥于人世之外的人，我却是生活在具体的世俗环境中的人。人世之外和人世之内彼此不相干涉，可是我却让你前去吊唁，实在是浅薄呀！他们正跟造物者结为伴侣，而逍遥于天地浑一的元气之中。他们把人的生命看作赘瘤一样多余，把人的死亡看作毒痈化脓后的溃破，像这样的人，又怎么会顾及死生优劣的存在呢！他们凭借于不同的物类，但最终寄托于同一的整体；忘掉了体内的肝胆，也忘掉了体外的耳目；无尽地反复着终结和开始，但从不知道它们的头绪；茫茫然彷徨于人世之外，逍遥自在地生活在无所作为的环境中。他们又怎么会烦乱地去炮制世俗的礼仪，而故意炫耀于众人的耳目之前呢！”

应帝王(节选)

【题　解】

《应帝王》是《庄子》内篇中的第七篇,它表达了庄子的为政思想。庄子对宇宙万物的认识基于“道”,他认为整个宇宙万物是浑一的,因此也就无所谓分别和不同,世间的一切变化也都出于自然,人为的因素都是外在的、附加的。基于此,庄子的政治主张就是以不治为治,无为而治便是本篇的中心。什么样的人“应”成为“帝王”呢?那就是能够听任自然、顺乎民情、行不言之教的人。

【原　文】

肩吾见狂接舆①。狂接舆曰:“日中始②何以语女?”肩吾曰:“告我:君人者以己出经式义度③,人孰敢不听而化诸④!”狂接舆曰:“是欺德⑤也。其于治天下也,犹涉海凿河而使蚊负山也。夫圣人之治也,治外⑥夫?正而后行⑦,确乎能其事者而已矣。且鸟高飞以避矰弋⑧之害,鼷鼠深穴乎神丘之下以避熏凿⑨之患,而曾⑩二虫之无知!”

【注　释】

①肩吾：传说中神的名字。接舆：楚国隐士陆通的字。

②日中始：庄子假托的又一寓言人物，为肩吾的老师。

③以己出：用自己的意志来推行。义：仪，法。“经式”“义度”这里都指法度。

④化诸：随之变化。

⑤欺德：欺诳的做法。

⑥治外：治理外表。庄子认为推行法度，只能治理社会的外在表象。

⑦正：顺应本性。行：推行教化。

⑧矰（zēng）：系有丝绳用来弋射的短箭。弋：用丝绳系在箭上射飞鸟。

⑨鼷鼠：小鼠。神丘：社坛。熏凿：指用烟熏洞、用铲掘地。

⑩曾：竟。

【译　文】

肩吾去拜见隐士接舆。接舆问：“日中始曾对你说了什么？”肩吾说：“他告诉我，做君主的凭个人的意志制定法律，人民谁敢不听从、顺服呢？”接舆说：“这是欺诳的做法。他这样治理天下，犹如在海里开凿河道，让蚊子去背负山峰。圣人治理天下，是治社会外在的表象吗？圣人是先端正自己而后去推行法度，人人各尽所能就是了。况且鸟儿也懂得高飞以避网罗弓箭之祸害，鼷鼠也懂得深挖洞穴藏身设坛之下以避烟熏镐刨之灾难，难道人还比不上这

两种动物吗?”

【原　文】

无为名尸[①],无为谋府[②],无为事任,无为知主。体[③]尽无穷,而游无朕[④]。尽其所受乎天而无见[⑤]得,亦虚[⑥]而已!至人之用心若镜,不将不逆[⑦],应而不藏,故能胜物[⑧]而不伤。

【注　释】

①名:名誉。尸:主,引申指寄托的场所。

②谋府:出谋划策的地方。

③体：体验、体会，这里指潜心学道。

④朕：迹。“无朕”即不留下踪迹。

⑤见：表露。

⑥虚：心境清虚淡泊，忘却自我。

⑦将：送。“不将不逆”指照物之影听之任之，来的即照，去的不留。

⑧胜物：指足以反映事物。

【译　文】

不要做名誉的寄托，不要充当智囊人物，不要勉强承担事务，不要主于智巧。体会大道，要与万物浑然为一，神游于虚静无迹的境界。尽其禀受于自然的品性而不自我矜夸，这正是虚无空明的境地。至人的用心犹如镜子，物有去来而镜无迎将，来者必照，必无隐藏。所以，圣人能够反映万物，而不被物所损伤。

【原　文】

南海之帝为倏，北海之帝为忽，中央之帝为浑沌。[1]倏与忽时相与遇于浑沌之地，浑沌待之甚善。倏与忽谋报混沌之德，曰：“人皆有七窍[2]以视听食息。此独无有，尝试凿之。”日凿一窍，七日而浑沌死。

【注　释】

①倏(shū)、忽、浑沌:都是虚拟的名字,但用字也是有寓意,"倏"和"忽"指急匆匆的样子,"浑沌"指聚合不分的样子,一指人为的,一指自然的,因此"倏""忽"寓指有为,而"浑沌"寓指无为。

②七窍:人头部的七个孔穴,即两眼、两耳、两鼻孔和嘴。

【译　文】

南海的帝王叫做倏,北海的帝王叫做忽,中央之地的帝王叫做浑沌。倏和忽不时地一起聚会于浑沌的境地中,浑沌待他们很好。倏和忽商量着要报答浑沌的恩惠,说:"人人都有眼耳口鼻七窍，用来看、听、吃、呼吸。他偏偏没有，我们试着给他凿上七窍吧！”他们每日给浑沌凿出一窍。过了七天，浑沌死了。

【外　篇】

骈拇(节选)

【题　解】

《庄子》之外篇、杂篇，大多取篇首的两个字或三个字作为篇名。外篇共十五篇，这里选取了其中的九篇。“骈拇”指拇指与第二指并合成连体状，它跟旁出的枝指和附着的赘瘤一样，都是人体上多余的东西。什么才是事物所固有的呢？那就是合乎自然、顺应人情的东西。倡导听任自然、顺应人情的思想，就是本篇的中心。

【原　文】

骈拇枝指出乎性[①]哉，而侈于德[②]；附赘县疣[③]出乎形哉，而侈于性；多方乎仁义而用之者，列于五藏[④]哉，而非道德之正也。是故骈于足者，连无用之肉也；枝于手者，树无用之指也；多方骈枝于五藏之情者，淫僻[⑤]于仁义之行，而多方于聪明之用也。

【注　释】

①骈拇枝指：骈拇，拇指和第二指成连体状。枝指：拇指旁生出的小指。骈：并。性：这里指天生而成，生而有之。

②侈：多余。德：得。

③附：附着。赘：赘瘤。县：同“悬”。疣：这里用作“瘤”。

④五藏：五脏。据《内经》所说，即仁配肝，礼配心，信配脾，义配肺，智配肾。

⑤淫：耽滞，迷乱。僻：邪恶，不正。

【译　文】

脚趾并生和大拇指旁生出的小指，这是天生而成的吗？不过对人体来说都是多余的东西。附悬于人体的赘瘤，是

出自人的形体的吗？对自然的本性来说，也是多余的。采用多种方法推行仁义，比列于身体不可或缺的五脏，却不是无所偏执的中正之道。所以，脚上双趾并生的，是连缀了一块无用的肉；手上六指旁出的，是长出了无用的手指；各种并生、旁出的多余的东西对于人天生的品性和欲念来说，好比迷乱而又错误地推行仁义，又像是脱出常态地使用人的听力和视力。

【原　文】

彼正正①者，不失其性命之情②。故合者不为骈，而枝者不为跂；长者不为有余，短者不为不足。是故凫胫③虽短，续之则忧；鹤胫虽长，断之则悲。故性长非所断，性短非所续，无所去④忧也。

【注　释】

①正正：至理正道的意思。

②性：本性。命：天命。性命之情，就是物各自得顺其自然的真情。

③凫：野鸭。胫：小腿。

④去：摒弃，排除。

【译 文】

那所谓的至理正道，就是不违反事物各得其所而又顺应自然的真情。所以说，合在一起的不算是并生，而旁出枝生的不算是多余，长的不算是有余，短的不算是不足。因此，野鸭的小腿虽然很短，但续长一截就有忧患；鹤的小腿虽然很长，但截去一段就会痛苦。事物原本就很长的是不可以随意截短的，事物原本就很短的也是不可以随意续长的，这样各种事物也就没有必要去排除忧患了。

【原 文】

臧与谷[1]，二人相与牧羊而俱亡[2]其羊。问臧奚事[3]，则

挟策[4]读书；问谷奚事，则博塞[5]以游。二人者，事业不同，其于亡羊均也。

伯夷死名[6]于首阳之下，盗跖死利于东陵[7]之上。二人者，所死不同，其于残生伤性均也，奚必伯夷之是而盗跖之非[8]乎！

天下尽殉也：彼其所殉仁义也，则俗谓之君子；其所殉货财也，则俗谓之小人。其殉一也，则有君子焉，有小人焉。若其残生损性，则盗跖亦伯夷已，又恶取君子小人于其间哉！

【注 释】

①臧、谷：家奴和童仆。

②亡：逃跑，丢失。

③奚事：事奚，即做什么。

④策：书册、书籍。

⑤博塞：一种类似掷骰子的游戏。

⑥伯夷：殷商末年的贤士，反对武王伐商，不食周粟而饿死于首阳山。死名：为名而死。

⑦盗跖：名跖，春秋末年著名的平民起义领袖，先秦不少著作中提到过他。“盗”是诬蔑之词。死利：为利而死。东陵：山名。

⑧是、非：这里引申为赞许和指责。

【译 文】

臧与谷两个家奴一块儿放羊却都让羊跑了。问臧在做什么,说是在拿着书简读书;问谷在做什么,说是在玩投骰子的游戏。这两个人虽然所做的事不一样,不过他们丢失了羊却是同样的。

伯夷为了贤名死在首阳山下,盗跖为了私利死在东陵山上,这两个人死亡的原因不同,而他们在残害生命、损伤本性方面却是同样的。既然如此,为什么一定要赞誉伯夷而指责盗跖呢!

天下的人们都在为某种目的而献身:那些为仁义而牺牲的,世俗称他为君子;那些为财货而牺牲的,世俗称他为小人。他们为了某一目的而牺牲是同样的,而有的叫作君子,有的叫作小人。倘若就残害生命、损伤本性而言,那么盗跖也就是伯夷了,又怎么能在他们中间区分君子和小人呢!

胠箧（节选）

【题　解】

“胠箧”的意思是撬箱子，指一种偷窃行为。本篇深刻揭露了仁义的虚伪和社会的黑暗，一针见血地指出“窃钩者诛，窃国者为诸侯”。庄子看不到社会的出路，于是提出“绝圣弃知”的主张，要摒弃社会文明与进步，倒退到人类的原始状态。这是庄子社会观和政治观的消极面。

【原　文】

将为胠箧探囊发匮[①]之盗而为守备，则必摄缄縢，固扃鐍[②]；此世俗之所谓知也。然而巨盗至，则负匮揭[③]箧担囊而趋，唯恐缄縢扃鐍之不固也。然则乡之所谓知者[④]，不乃为大盗积者也？故尝试论之，世俗之所谓知者，有不为大盗积者乎？所谓圣者，有不为大盗守者乎？

【注　释】

①胠：撬。箧：箱子一类盛物器具。探：掏。囊：口袋。发：打开。匮：同“柜”柜子。句中两个“为”字前一读去声，是“为了”的意思；后一读平声，是“做”的意思。

②摄：打结，收紧。缄、縢：均为绳索。扃：插闩。鐍：锁钥。

③揭：举，扛着。

④乡：同“向”，先前的意思。

【译　文】

为了对付撬箱子、掏口袋、开柜子的小偷而做防范准备，必定要收紧绳结、加固插闩和锁钥，这就是一般人所说

的聪明做法。可是一旦大强盗来了，就背着柜子、扛着箱子、挑着口袋快步跑了，唯恐绳结、插闩与锁钥不够牢固。既然是这样，那么先前所谓的聪明做作法，不就是给大盗做作好了积聚和储备吗？所以我曾试图讨论这种情况，世俗所谓的聪明人，有不替大盗积聚财物的吗？所谓的圣人，有不是给强盗守卫财物的吗？

【原 文】

何以知其然邪？昔者齐国邻邑相望，鸡狗之音相闻，罔罟①，耒耨之所刺②，方二千余里。阖四竟③之内，所以立宗庙社稷④，治邑屋州闾乡曲⑤者，曷尝不法圣人哉？然而田成子⑥一旦杀齐君而盗其国，所盗者岂独其国邪？并与其圣知之法而盗之。故田成子有乎盗贼之名，而身处尧舜之安。小国不敢非⑦，大国不敢诛⑧，十二世有齐国。则是不乃窃齐国并与其圣知之法以守其盗贼之身乎？尝试论之，世俗之所谓至知者，有不为大盗积者乎？

【注 释】

①罔：网。罟：各种网的总称。

②耒：犁。耨(nòu)：锄。刺：插入。

③阖：全。竟：境。

④宗庙：国君祭祀祖先的地方。社稷：本指土神和谷神，这里指祭祀土神和谷神的地方。

⑤邑、屋、州、闾、乡曲：古代不同行政区划的名称。“曲”指“乡”之一隅。

⑥田成子：田常，本为陈国人，故又称陈恒，其先祖田完从陈国来到齐国，成了齐国的大夫，改为田氏。田常于鲁哀公十四年杀了齐简公，齐国大权落入田氏之手，后来田常的曾孙又废齐自立，仍称“齐”。

⑦非：非议。

⑧诛：讨伐。

【译 文】

怎么知道是这样的呢？当年的齐国，邻近的村邑遥遥相望，鸡犬之声相互听闻，鱼网所撒布的水面，犁锄所耕作

的土地，方圆两千多里。整个国境之内，所有用来设立宗庙、社稷的地方，所有用来建置邑、屋、州、闾、乡、里各级行政机构的地方，何尝不是在效法古代圣人的做法！然而田成子一下子杀了齐国的国君也就窃据了整个齐国。他所盗窃夺取的难道仅仅是一个齐国吗？连同那里各种圣明的法规与制度也一块儿劫夺去了。而田成子虽然有盗贼的名声，却仍处于尧舜那样安稳的地位，小的国家不敢非议他，大的国家不敢讨伐他，世世代代窃据齐国。这不就是盗窃了齐国连同那里圣明的法规和制度，从而用来守卫他的盗贼之身吗？所以我曾试图讨论这种情况，世俗的所谓聪明人，有不替大盗积聚财物的吗？所谓的圣人，有不替大盗看守财物的吗？

在宥(节选)

【题　解】

“在”是自在的意思,“宥”是宽容的意思。反对人为,提倡自然,阐述无为而治的主张就是本篇的主旨。

【原　文】

闻在宥①天下,不闻治天下也。在之也者,恐天下之淫②其性也;宥之也者,恐天下之迁其德也③。天下不淫其性,不迁其德,有治天下者哉!昔尧之治天下也,使天下欣欣焉人乐其性④,是不恬⑤也;桀之治天下也,使天下瘁瘁焉人苦其性⑥,是不愉也。夫不恬不愉,非德也;非德也而可长久者,天下无之。

【注　释】

①在:自在。宥:宽容。

②淫:过,超出。

③迁:改变。德:常态,指遵循于"道"的生活规律和处世的基本态度。

④欣欣:高高兴兴的样子。乐其性:为其性而乐,意思是为保有真性而欣喜。

⑤恬:静。

⑥瘁(cuì)瘁:忧愁的样子。苦其性:为其性而苦,为保有真性而苦恼。

【译文】

只听说听任天下安然自在地发展,没有听说要对天下进行治理。听任天下自在地发展,是因为担忧人们超越了原本的真性;听任天下宽地发展,是因为担忧人们改变了自然的常态。天下人不超越原本的真性,不改变自然的常态,哪里用得着治理天下呢!从前尧治理天下,使天下人欣喜若狂,人人都为有其真性而欢乐,这就不安宁了;当年桀治

理天下，使天下人忧心不已，人人都为有其真性而痛苦，这就不欢快了。不安宁与不欢快，都不是人们生活和处世的常态。不合于自然而可以长久存在的常态，天下是没有的。

【原　文】

大人之①教，若形之于影，声之于响②，有问而应之，尽其所怀，为天下配③。处乎无响，行乎无方。挈汝适复④之，挠挠以游无端，出入无旁⑤，与日无始。颂论⑥形躯，合乎大同。大同而无己。无己，恶乎得有有。睹有者，昔之君子；睹无者，天地之友。

【注　释】

①大人：至贵的人。

②响：回声。

③配：匹配，这里指应答。问话者为主，应答者则为对。

④挈（qiè）：带领，引领。适复：往返。

⑤旁：依。

⑥颂：容。论：语。颂论，指容颜、谈吐。

【译 文】

至贵之人的教诲，就好像形躯对于身影，传声对于回响。有提问就有应答，竭尽自己所能，为天下人的提问做应答。处于没有声响的境界，活动在变化不定的地方。引领着人们回归本性，悠游于无穷无尽之境，或出或进都无须依傍，像跟随太阳那样周而复始地没有尽头。容颜、谈吐和身形躯体均和众人一样，大家都是一样的也就无所谓自身。无所谓自身，哪里用得着据有各种物象！看到了自身和各种物象的存在，这是过去的君子；看不到自身的各种物象的存在，这就跟永恒的天地结成了朋友。

天地（节选）

【原　文】

“天”和“地”在庄子哲学体系中乃是元气之所生，万物之所祖，“天”高远在上，“地”浊重在下，故而以“天地”开篇。本篇的主旨仍在于阐述无为而治的主张。

【原　文】

天地虽大，其化均也；万物虽多，其治①一也；人卒虽众，其主君也。君原于德②而成于天，故曰：玄古之君天下③，无为也，天德④而已矣。

【注　释】

①治：这里指万物各居其位，各有所得。

②原：本源。德：自得，即从道的观念出发对待自我和对待外物的顺任态度。

③玄古：遥远的古代。君：用作动词，“君天下”即君临天下，统驭天下。

④天德：听任自然，顺应自然。

【译　文】

天地尽管非常大，但它们的运作变化却是均衡而无偏执的；事物虽然份杂，处理它们的方法却是相同的；百姓尽管众多，而统治他们的却都是君主。君主立足于事物之本源而达到顺应自然的境界。所以说：遥远的古代国君统治天下，只是听任自然，凭借任性守真，顺其自然罢了。

【原　文】

黄帝游乎赤水[①]之北，登乎昆仑之丘而南望。还[②]归，遗其玄珠[③]。使知索[④]之而不得，使离朱[⑤]索之而不得，使喫诟[⑥]索之而不得也。乃使象罔[⑦]，象罔得之。黄帝曰："异哉！象罔乃可以得之乎？"

【注 释】

①赤水：虚拟的水名。

②还：同“旋”，随即、不久的意思。

③玄珠：喻指道。

④知：杜撰的人名，寓含才智、智慧的意思。索：求，找。

⑤离朱：人名，寓含善于明察的意思。

⑥喫诟：杜撰的人名，寓含善于闻声辩言的意思。

⑦象罔：杜撰的人名。“象”指形，“罔”则指“无”或“忘”，因而“象罔”之名寓含无智、无视、无闻的意思。

【译 文】

黄帝游历于赤水的北域，登上了昆仑山向南瞻望。返回之后，发现遗失了玄珠。派遣知去寻找，结果没找到；派遣离朱去寻找，结果没找到；派遣喫诟去寻找，结果没找到。于是派遣无智、无视、无闻的象罔去寻找，象罔找回了玄珠。黄帝说：“奇怪啊，难道只有象罔才能够找回玄珠吗？”

【原 文】

子贡南游于楚，反于晋，过汉阴，见一丈人方将为圃畦[①]，凿隧而入井，抱瓮而出灌，搰搰然用力甚多而见功寡[②]。子贡曰："有械于此，一日浸百畦，用力甚寡而见功多，夫子不欲乎？"为圃者仰[③]而视之曰："奈何？"曰："凿木为机，后重前轻，挈水若抽，数如泆汤，其名为槔。"为圃者忿然作色而笑曰："吾闻之吾师，有机械者必有机事，有机事者必有机心。机心存于胸中则纯白不备[④]。纯白不备则神生不定，神生不定者，道之所不载也。吾非不知，羞而不为也。"子贡瞒然[⑤]惭，俯而不对。有间，为圃者曰："子奚为者邪？"曰："孔丘之徒也。"为圃者曰："子非夫博学以拟圣，於于以盖众，独弦哀歌以卖名声于天下者乎？汝方将忘汝神气，堕[⑥]汝形骸，而庶几乎！而身之不能治，而何暇治天下乎！子往矣，无乏吾事！"

【注　释】

①丈人：古代对老年男子的通称。圃：种菜的园子。畦：菜圃内划分出的长行的栽种区。

②搰搰然：用力的样子。见功寡：收到的功效很少；以下之“见功多”则意思相对。

③仰：抬起头。

④纯白：这里指未受世俗沾染的纯静空明的心境。备：全，完整。

⑤瞒然：羞惭的样子。

⑥堕：毁坏的意思。

【译　文】

子贡在南方的楚国游历，返回晋国时，途经汉阴，看见一个老人正要灌园浇地，他挖地道而进入井中，抱着水瓮出来浇地，费力很多而收效甚微。子贡说：“这里有一种机械，一天能灌溉一百块地，费力很少而见效很快，先生不想试试吗？”灌园老人仰头看着子贡说：“怎么个做法呢？”子贡说：“凿刨木料做成机械，后头重，前头轻，提水好比抽引，速度快得就像煮沸水从锅里溢出一样，这种东西的名称叫做桔槔。”灌园老人愤然生怒，嘲笑道：“我从我的老师那儿听说，有机械的一定有机巧之类的事，有机巧之类的事一定有机变之类的心思。机变之类的心思存于胸中，就不能保持纯

洁的本性。不能保持纯洁的本性就会心神不安，心神不安就不能达于自然之道。我并非不知道你所说的那些，只是觉得羞耻而不去做罢了。”子贡满脸愧色，低首不答。过了一会儿，灌园老人说：“你是干什么的呢？”子贡说：“我是孔丘的弟子。”灌园老人说：“你不就是那靠博学来自比圣人，夸夸其谈以求超群出众，自弹自唱于天下以沽名钓誉的人吗？你将要丧失你的精神，毁伤你的形骸，恐怕就能逐步接近于道了吧！你连自身都不能修养护持，又怎么能顾得上治理天下呢！你走开吧，别耽误了我的事情。”

【原　文】

子贡卑陬[1]失色，顼顼然[2]不自得，行三十里而后愈。其弟子曰："向之人何为者邪？夫子何故见之变容失色，终日不自反邪？"曰："始吾以为天下一人[3]耳，不知复有夫人[4]也。吾闻之夫子：事求可，功求成，用力少，见功多者，圣人之道。今徒不然。执道者德全，德全者形全，形全者神全。神全者，圣人之道也。托生与民并行而不知其所之，汒乎淳备[5]哉！功利机巧必忘夫人之心。若夫人者，非其志不之，非其心不为。虽以天下誉之，得其所谓，謷然不顾；以天下非之，失其所谓，傥然不受。天下之非誉无益损焉，是谓全德之人哉！我之谓风波[6]之民。"反于鲁，以告孔子。孔子曰："彼假修浑沌氏[7]之术者也。识其一，不识其二；治其内而不治其外。夫明白入素，无为复朴，体性抱神[8]，以游世俗之间者，汝将固惊邪？且浑沌氏之术，予与汝何足以识之哉！"

【注　释】

①卑陬（zōu）：惭愧的样子。

②顼（xū）顼然：怅然如失而不能自持的样子。

③天下一人：孔丘。子贡是孔子的学生，心目中只有老师是唯一的圣人。

④夫人：那个人，指种菜的老人。

⑤汇：同"茫"。"汇乎"指深远而不可测的样子。淳备：淳和完备，这里指操行和德行朴实而又保持本真。

⑥风波：随风而起，随波而逐。喻指心神不定，为世俗尘垢所牵动。

⑦假修：借助和修养。浑沌氏：虚拟的人氏，指主张浑沌无别而不可分的人。

⑧体性：体悟真性。抱神：持守专一的神情。

【译　文】

子贡惭愧得变了脸色，一路上垂头丧气，很不自在，走

了三十里路才恢复了常态。他的弟子说："刚才的那个人是干什么的呀？先生您见了他为什么气色异常，整天都不能恢复呢？"子贡说："原先我以为天下称得上圣人的，唯有我

的老师一人，却不知道又有那么一个人！我从我的老师那儿听说：事业谋求可行，功业谋求成效，费力少而收效多的才是圣人之道。如今却不是这样，持守大道的人德行才完备，德行完备的人身形才完整，身形完整的人精神才健全，精神健全方才是圣人之道。寄生世俗，与万民同行，却不知道自己所要去的地方，这是多么的淳朴又完备啊！功利技巧必然不存在于那样的人的心中。像那样的人，不合于自己情志的不去追求，不同于自己思想的不去作为。即使天下的人都赞扬他，并且合于实际，他也会傲然不顾；即使天下的人都批评他，甚至不合实际，他也会无动于衷。天下人的赞扬和批评，对他来说，既无所增添，也无所减损，这就叫做'全德之人'。而我只能被称作顺风随波之人。"子贡返回鲁国，将途中之事告诉孔子。孔子说："那是研修和实践浑沌氏道术的人。他们认识天道，并不关注世俗；修身养性而不追求外物。他们明澈单纯，自然守朴，体现真性，敛藏精神，但又遨游于世俗之间，对于这样的人，你怎么能不感到惊异呢？况且，对于浑沌氏的道术，你与我又如何能够完全弄明白呢？"

【原 文】

大声不入于里耳[①]，折杨、皇荂[②]，则嗑然而笑。是故高言不止于众人之心；至言不出，俗言胜也。以二缶钟惑，而所适不得矣。[3]而今也以天下惑，予虽有祈向，其庸可得邪？

知其不可得也而强之，又一惑也！故莫若释之而不推。不推，谁其比忧？厉之人，夜半生其子，遽取火而视之，汲汲然[4]唯恐其似己也。

【注　释】

①大声：雅音高论。里耳：里巷人之耳。里，通“俚”。

②折杨、皇荂：古代的俚俗小曲。

③缶、钟均为量具，一缶为四斛，一钟为八斛。本句的大意是，如果量具不同，就会茫然不知所从。

④汲汲然：紧张担心的样子。

【译　文】

高雅的音乐难以被世俗人所欣赏，而折杨、皇华之类里巷谣曲，世俗人听了却欣然欢笑。所以，高雅的谈吐不可能留在世俗人的心里，至理名言也不能从世俗人的口中说出，因为流俗的言谈占了优势。就好像两种量具缶和钟分不清楚，自然会感到茫然不知所从。可如今举天下之人都迷惑，我尽管有追求的目标，又如何能够达到呢？明知不能够达到，却还勉为其难，实在是又一迷惑呀！所以，不如扔在一边不去探究，谁又能与我同忧呢？丑陋的人半夜生下孩子，马上拿灯来照着看新生儿，紧张又担心，唯恐孩子长得和自己一个模样。

天运（节选）

【题　解】

《天运》是外篇中的第七篇。本篇选取篇首句中两个实词组合成标题。所谓“天运”，即各种自然现象无心运行而自动。“天运”的内容主要讨论无为而治。

【原　文】

孔子见老聃而语仁义。老聃曰：“夫播糠眯[①]目，则天地四方易位矣；蚊虻噆[②]肤，则通昔[③]不寐矣。夫仁义憯然乃愤[④]吾心，乱莫大焉。吾子使天下无失其朴，吾子亦放[⑤]风而动，总德而立矣，又奚杰然若负建鼓而求亡子者邪？夫鹄不日浴[⑥]而白，乌不日黔[⑦]而黑。黑白之朴，不足以为辩；名誉之观，不足以为广。泉涸，鱼相与处于陆，相呴以湿，相濡以沫，不若相忘于江湖。”

【注 释】

①眯:灰沙等物入眼。

②噆:叮咬。

③通昔:整夜。昔:通“夕”。

④憯:痛,惨痛。愦:此字当作“愦”,意谓迷乱。

⑤放:依。

⑥日浴:每天洗澡。

⑦日黔:每天染黑。

【译 文】

孔子拜见老聃讨论仁义。老聃说:“播扬的糠屑进入眼睛,也会颠倒天地四方;蚊虻之类的小虫叮咬皮肤,也会使

人通宵不能入睡。仁义给人的毒害就更为惨痛，乃至令人昏愦糊涂了，没有什么比仁义对人的祸乱更为厉害。你要想让天下不至于丧失淳厚质朴，就该纵任风起风落似的自然而然的行动，让一切顺于自然规律行事，又何必那么卖力地去宣扬仁义，好像敲着鼓去追赶逃亡的人似的呢？白色的天鹅不需要天天沐浴而毛色自然洁白，黑色的乌鸦不需要每天用黑色渍染而毛色自然乌黑。乌鸦的黑和天鹅的白都是出于本然，不足以分辨谁优谁劣；名声和荣誉那样的外在东西，更不足以播散张扬。泉水干涸了，鱼儿相互依偎在陆地上，大口出气来取得一点儿湿气，靠唾沫来相互得到一点儿润湿，倒不如互不相识时独自畅游在江湖里来得痛快。”

【原　文】

孔子见老聃归，三日不谈。弟子问曰："夫子见老聃，亦将何规[①]哉？"孔子曰："吾乃今于是[②]乎见龙！龙，合而成体[③]，散而成章[④]，乘乎云气而养乎阴阳。予口张而不能嗋[⑤]，予又何规老聃哉！"子贡曰："然则人固有尸居而龙见，雷声而渊默，发动如天地[⑥]者乎？赐[⑦]亦可得而观乎？"遂以孔子声见老聃。

【注　释】

①规：劝说，规劝。

②乃今：现在。于是：于此，在这里，指老子之处。

③合而成体：李时珍《本草纲目》引王符言龙，“其形有九似，头似驼，角似鹿，眼似兔，耳似牛，项似蛇，腹似蜃，鳞似鲤，爪似鹰，掌似虎”。龙是古人综合多种动物特征而创造出来的一种神奇生物。合而成体或指此。

④章：花纹，言龙飞腾时，身躯伸展舒散开，鳞甲闪闪发光，形成炫目的文采。

⑤噜：合拢嘴。不能噜，形容由于过度惊诧连嘴都合不拢的神态。

⑥如天地：像天地那样变幻莫测。

⑦赐：子贡，姓端木，名赐。

【译文】

孔子拜见老聃回来,整整三天不讲话。弟子问道:“先生见到老聃,对他做了什么诲劝吗?”孔子说:“我直到如今才在老聃那儿见到了真正的龙!龙,合在一起便成为一个整体,分散开来又成为华美的文采,乘驾云气而养息于阴阳之间。我大张着口久久不能合拢,我又哪能对老聃做出诲劝呢!”子贡说:“这样说,那么人难道有像尸体一样安稳不动而又像龙一样神情飞扬地显现,像疾雷一样震响而又像深渊那样沉寂,发生和运动犹如天地运动变化的情况吗?我也能见到他并亲自观察吗?”于是借孔子的名义前去拜见老聃。

秋水(节选)

【题 解】

《秋水》是外篇中的第十篇。本篇主要通过对大小、彼此、是非、有无等关系的讨论,形象地发挥了作者相对主义的辩证法思想。全篇的核心部分是河伯与北海若的七段对话,把其综合起来,就是讲人由于受时空的局限,所见、所闻、所知是极有限的。

【原 文】

秋水时至,百川灌河。泾流之大,两涘渚[①]崖之间,不辩牛马。于是焉河伯[②]欣然自喜,以天下之美为尽在己。顺流而东行,至于北海[③],东面而视,不见水端。于是焉河伯始旋其面目,望洋向若[④]而叹曰:“野语有之曰:‘闻道百,以为莫己若者。’[⑤]我之谓也。且夫我尝闻少仲尼之闻而轻伯夷之义者,始吾弗信。今我睹子之难穷也,吾非至于子之门则殆[⑥]矣,吾长见笑于大方之家[⑦]。”

【注　释】

①涘：水边、岸边。渚：水中间小块陆地、小洲。

②河伯：黄河水神。

③北海：春秋战国时所称北海，多指渤海。

④洋：水多的样子。若：海神。

⑤百：泛指数量很大、很博。莫己若：莫若己的语序颠倒，意为没有人及得上自己。

⑥殆：危险。

⑦大方之家：深明大道之人。

【译　文】

秋天的雨水随着时节而到，许多河流的水都汇入了黄

河。黄河水流变得很大，两岸及水中小沙洲之间，连牛、马也分辨不清了。于是河伯沾沾自喜，认为天下的美都在自己这里了。他顺着河流向东行，来到了北海，向东面望去，看不到水的尽头。于是河伯一改他自得的面目，面对着浩渺无边的大海对海神慨叹说："俗话说：'听的道理多了，就认为没有能比得上自己的。'说的就是我啊。而且我曾经听说过，有人既小瞧仲尼的见识，也看不起伯夷的义举，开始我还不相信。如今我一睹您浩大无尽的风采，才知道我如果没有来到您的面前就危险了，就将永远被有学问的人耻笑。"

【原　文】

河伯曰："然则何贵于道[①]邪？"北海若曰："知道者必达于理，达于理者必明于权[②]，明于权者不以物害己。至德者，火弗能热，水弗能溺，寒暑弗能害，禽兽弗能贼。非谓其薄[③]之也，言察乎安危[④]，宁于祸福，谨于去就[⑤]，莫之能害也。故曰：'天在内，人在外，德在乎天。'知天人之行，本乎天，位乎得[⑥]，蹢躅而屈伸[⑦]，反要而语极。"

【注　释】

①何贵于道：道有何可贵之处。

②权：权变。

③薄：迫近、触犯。

④察乎安危：对安危能明察。

⑤去就：进退去留。

⑥位乎得：处在其所应得的地位上。

⑦蹢躅而屈伸：或进退或屈伸，随时迁变，不是固定不移的。蹢躅，进退不定的样子。

【译　文】

河伯说："那么道有什么可贵之处呢？"海神说："懂得道

的人一定通达事理,通达事理的人一定明晓权变,明晓权变的人不会用外物伤害到自己。德行修养高尚的人,火不能烧到他,水不能淹了他,严寒酷暑都不能伤害到他,凶禽猛兽不能侵袭他。这并不是说他主动逼近这些东西还能幸免,而是说他能明察安危,冷静对待祸福,进退都小心谨慎,也就没有能够侵害他的东西了。所以说:'天性是内在的,人为是外在的,道就体现在天性里。'知道天性和人为的运行规律,以了解天性为基础,以道德为依据,或退或进,或屈或伸,这就是道的要点,而我的话也尽于此了。"

【原 文】

庄子钓于濮水[①]。楚王[②]使大夫二人往先焉,曰:"愿以境内累[③]矣!"庄子持竿不顾,曰:'吾闻楚有神龟,死已三千岁矣。王巾笥[④]而藏之庙堂之上。此龟者,宁其死为留骨而贵乎？宁其生而曳尾于涂中[5]乎？”二大夫曰：“宁生而曳尾涂中。”庄子曰：“往矣！吾将曳尾于涂中。”

【注　释】

①濮水：水名，在今河南省濮阳县。

②楚王：楚威王。

③愿以境内累：意为愿把国事相累于先生。也就是请庄子去做官的含蓄说法。

④笥(sì)：竹箱。

⑤曳尾于涂中：拖着尾巴在泥中爬行。

【译　文】

庄子在濮水垂钓。楚威王派二位大夫前来致相邀之意，说：“楚威王愿把国事委托给先生！”庄子举着钓竿，头也不回，说：“我听说楚国有一只神龟，被杀死的时候已尼活了三千年了。楚威王用巾布把神龟包好后放入竹箱里，珍藏于庙堂之上。那么，这只龟是宁愿为留下骨头让人珍视而死呢，还是宁愿活着而拖着尾巴在泥中爬行呢？”二大夫说：“宁愿活着而拖着尾巴在泥中爬行。”庄子说：“你们走开吧！我将拖着尾巴在泥中爬行。”

【原　文】

庄子与惠子游于濠梁之上[①]。庄子曰："鯈(tiáo)鱼[②]出游从容，是鱼之乐也。"惠子曰："子非鱼，安知鱼之乐？"庄子

曰："子非我，安知我不知鱼之乐？"惠子曰，"我非子，固不知子矣；子固非鱼也，子之不知鱼之乐，全矣[③]！"庄子曰："请循其本[④]。子曰'汝安知鱼乐'云者，既已知吾知之而问我，我知之濠上也。"

【注　释】

①濠梁让：濠水桥上，濠水在今安徽凤阳县境内。

②鲦(tiáo)鱼:白条鱼。

③全矣:完全肯定的了。

④循其本:循着争论的根源讲起。本,根源、起点之意。

【译 文】

庄子与惠子在濠水桥上游玩。庄子说:"白条鱼游得从容自在,这是鱼儿的快乐表现啊!"惠子说:"你不是鱼,你哪里知道鱼儿的快乐呢?"庄子说:"你不是我,你怎么知道我不知道鱼儿的快乐呢?"惠子说:"我不是你,固然不能知道你;但你也确实不是鱼儿啊,那么你不知道鱼儿的快乐,也就毋庸争议了!"庄子说:"我们还是把话题回到开头吧。你说'你哪里知道鱼儿的快乐',如此说,表明你已经知道了我知道鱼的快乐却又问我,只不过问我是从哪里知道的罢了。那么我告诉你吧,我是在濠水桥上知道鱼的乐趣的呀!"

至乐（节选）

【题　解】

“至乐”就是最高的快乐。“至乐”的标准是怎样的？如何达到？便是本篇的中心议题。本篇涉及苦乐观、生死观和万物生化等方面，是庄子虚静无为思想在这些方面的具体运用。

【原　文】

庄子妻死，惠子吊之，庄子则方箕踞鼓盆①而歌。惠子曰：“与人居，长子老身②死，不哭亦足矣，又鼓盆而歌，不亦甚乎！”庄子曰：“不然。是其始死③也，我独何能无概！然察其始而本无生④；非徒无生也，而本无形；非徒无形也，而本无气。杂乎芒芴⑤之间，变而有气，气变而有形，形变而有生。今又变而之死，是相与为春秋冬夏四时行也。人且偃然寝于巨室⑥，而我噭噭然⑦随而哭之，自以为不通乎命，故止也。”

【注 释】

①箕踞：盘腿而坐，其形如簸箕，故而得名，古人是屈膝跪地，臀部坐在脚跟上为标准坐态。盘腿而坐是比较随便的坐式。鼓盆：敲击瓦盆做歌唱之拍节。

②长子老身：为倒装句式，孩子长大，身体老迈。

③是：此，指庄子之妻。始死：刚刚死的时候。

④无生：未曾生。庄子认为生死不过是物象幻化，本没有什么分别，生也是未曾生。

⑤芒芴(hū)：恍惚，不可捉摸的样子，指从无到有转化的中间环节，也是天地万物的起点。

⑥且：假如。偃然：安息的样子。巨室：比喻天地之间。

⑦噭噭(jiào)然：哀哭声。

【译 文】

庄子的妻子死了，惠子来吊丧，庄子正盘膝而坐，敲击瓦盆唱歌。惠子说："与妻子共居，孩子大了，她也老迈了，现在死了不哭也就算了，又敲击瓦盆唱歌，不是太过分了吗！"庄子说："不是这样。在她刚死的时候，我难道能不悲痛么！然而推究其最初，本来未曾有生命，不但未曾有生命，而且本来没有形体；不但没有形体，而且本来无气。在恍惚迷离的状态中，变化而有了气，气变而有形体，形体变而有生命。现在又由生变成死，这就像那春秋冬夏四季交

替运行一样。死去的那个人将安安稳稳地卧在天地之间，而我在旁边哭泣不止，自以为这样做是不通达天命的，所以我停止了哭注。"

【原　文】

庄子之楚，见空髑髅[1]，髐然有形[2]。撽以马捶[3]，因而问之曰："夫子贪生失理而为此[4]乎？将[5]子有亡国之事，斧钺之诛而为此乎？将子有不善之行，愧遗[6]父母妻子之丑而为此乎？将子有冻馁之患而为此乎？将子之春秋故[7]及此乎？"于是语卒，援[8]髑髅，枕而卧。夜半，髑髅见梦曰："子之谈者似辩士，视子所言，皆生人之累也，死则无此矣。子欲闻死之说[9]乎？"庄子曰："然。"髑髅曰："死，无君于上，无臣于下，亦无四时之事，从然以天地为春秋[10]，虽南面王乐，不能过也。”庄子不信，曰：“吾使司命复生子形，为子骨肉肌肤，反子父母、妻子、闾里、知识[11]，子欲之乎？”髑髅深颦蹙额。曰：“吾安能弃南面王乐而复为人间之劳乎！”

【注释】

①髑髅：骷髅，死人的头骨。

②髐（xiāo）然：尸骨干枯的样子。有形：有似生人头颅之形状。

③撽（qiào）：敲打旁击。马捶：马鞭。捶，同“箠”。

④贪生：贪图享乐，纵欲无度。失理：背弃养生之理。为此：成为这样，即死亡。

⑤将：抑或，表推测。

⑥遗：通“贻”，遗留，留下之意。

⑦春秋故：年事已高。享尽天年，本应如此。春秋，年纪。故，同“固”，本来。

⑧援：牵到，拉过来之意。

⑨说：同“悦”，愉悦、快乐。

⑩从然：放纵自如的样子。从，同“纵”。以天地为春秋：与天地同寿同在，一样恒久。

⑪反：通“返”，归还。知识：朋友。

【译 文】

庄子到楚国去，见到一颗死人头骨，干枯而有生人头颅形状。庄子用马鞭子敲打着骷髅问道：“先生是由于贪图享乐，放纵情欲，丧失养生之理而成为这样的吗？或是遭遇亡国之事，为斧钺诛杀而至于此呢？或是你做了不善之事，怕给父母、妻子留下耻辱而自杀的呢？或是你因为挨饿受冻而成为这样呢？或是你年事已高本该如此呢？”就这样讲完，拉过骷髅，枕在头下睡去。半夜时，骷髅显现在他的梦中，对他说，“听您的言谈好像是位善辩之士，看你所说之事，都是活人的负担，死人则没有这些。您愿意听听死人的快乐吗?"庄子说:"是的。"骷髅说:"死人,没有君在上面,没有臣在下面,也没有一年四季的操劳之事。放纵自如与天地同在,即使是南面为王的乐趣,也比不上这个啊。"庄子不相信,说:"我让主管生死之神复活你的形体,还给你骨肉肌肤,归还你父母、妻子、邻里和朋友,你愿意吗?"骷髅深深皱起眉头,露出愁苦的样子说:"我怎能舍弃南面为王的快乐而再次去受人间的劳苦呢?"

达生（节选）

【题 解】

本篇与《养生主》相似，主要讲养生之道，围绕着凝神养气这一中心思想，运用生动形象的故事寓言，以及意象思维的表达方式，让人领悟其中的玄虚之理。

【原 文】

仲尼适楚，出于林中，见佝偻者承蜩[1]，犹掇[2]之也。仲尼曰：“子巧乎，有道[3]邪？”曰：“我有道也。五六月累丸二[4]而不坠，则失者锱铢[5]；累三而不坠，则失者十一；累五而不坠，犹掇之也。吾处身[6]也，若厥株拘[7]；吾执臂[8]也，若槁木之枝。虽天地之大，万物之多，而唯蜩翼之知。吾不反不侧[9]，不以万物易蜩之翼，何为而不得！”孔子顾谓弟子曰：“用志不分，乃凝于神。其佝偻丈人之谓乎！”

【注 释】

①佝偻：驼背。承蜩：捕蝉。在竹竿顶部涂上黏胶之物，用来把蝉粘住，是古代一种捕蝉方法。

②掇：拾取。

③道：门道、方法。

④五六月：学习训练捕蝉技艺的时间。累丸二：在竹竿顶上叠放二个小丸，用手持竿，能练到丸不坠地，说明手臂的稳定性已达到相当高度，可以去捕蝉了。

⑤锱铢：古代很微小的重量单位，六铢为一锱，四锱为一两，形容很少。

⑥处身：立定身体。

⑦厥株拘：立着的断树桩子。厥，通“橛”，木桩。拘，立木。

⑧执臂：控制手臂。

⑨不反不侧：形容心志凝注专一，无杂念。

【译 文】

孔子到楚国去，走出树林时，看见有个驼背的人在用竹竿粘蝉，就像捡东西一样。仲尼问：“您这么巧妙，有什么门道吗？”那人说：“我是有些门道。竿头上垒上两个小丸而不掉，练习五六个月后，失败的次数就很少了；等到垒上三个小丸而不掉，失败的概率就只剩十分之一了；到垒五个小丸也不掉时，捕蝉就像捡东西一样了。我站定身体，好像木桩；我伸直手臂，好像枯槁的树枝。虽然天地很大，万物繁

多，但我只知蝉翼。我不往后看，也不左顾右盼，不会因万物的干扰而改变对蝉翼的注意，怎么会不成功呢！”孔子转身对弟子们说：“专心致志，聚精会神。大概说的就是这位驼背的老先生吧！”

【原　文】

祝宗人玄端以临牢筴说彘[1]，曰：“汝奚恶死！吾将三月豢汝，十日戒，三日齐[2]，藉白茅[3]，加汝肩尻乎雕俎[4]之上，则汝为之乎？”为彘谋曰，不如食以糠糟而错[5]之牢筴之中。自为谋，则苟生有轩冕之尊，死得于腞楯之上、聚偻[6]之中则为之。为彘谋则去之，自为谋则取之，所异彘者何也！

【注　释】

①祝宗人：掌管祭祀祝祷之官。玄端：掌管祭祀之官穿的斋服，黑色，端正。牢筴：猪栏，猪圈。彘：猪。

②齐：同“斋”。

③藉白茅：把白茅草铺在神座和祭物下面，以示洁净。

④尻：臀部，即猪后鞧（qiū）肉。俎：祭祀时盛肉的礼器，有青铜制和木制漆饰的。

⑤错：放置。

⑥腞楯（zhuàn shǔn）：送葬载灵柩之车。聚偻：棺椁上面放的众多装饰物。

【译　文】

掌管祭祀的官穿着主持祭祀时的礼服到猪圈前，对猪说：“你干吗怕死呢？我将养你三个月，给你十天上戒，三天作斋，为你垫上白茅草，再把你的肩和臀放在雕着花纹的祭器上，你认为怎么样？”如果为猪着想，就不如喂它糟糠让它住在猪圈中。为自己谋划，就想活着时有高官厚禄的尊容，死后能放在饰有花纹的柩车上，装进装饰繁杂的棺椁里。为猪打算就抛开这些，为自己打算就谋取这些，人所不同于猪的到底有什么呢？

【原　文】

桓公田于泽，管仲御，见鬼焉。公抚管仲之手曰：“仲父何见？”对曰：“臣无所见。”公反，诶诒①为病，数日不出。齐士有皇子告敖②者，曰：“公则自伤，鬼恶能伤公！夫忿滀之气，散而不反，则为不足；上而不下，则使人善怒；下而不上，则使人善忘；不上不下，中身当心，则为病。”桓公曰：“然则有鬼乎？”曰：“有。沉有履③。灶有髻。户内之烦壤④，雷霆处之；东北方之下者，倍阿鲑蠪越之；西北方之下者，则泆阳处之。水有罔象，丘有峷，山有夔，野有彷徨，泽有委蛇。”公曰：“请问委蛇之状何如？”皇子曰：“委蛇，其大如毂，其长如辕，紫衣而朱冠。其为物也恶，闻雷车⑤之声则捧其首而立。见之者殆乎霸。”桓公辴然⑥而笑曰：“此寡人之所见者也。”于是正衣冠与之坐，不终日⑦而不知病之去也。

【注　释】

①诶诒(éi yí):因惊吓失魂出呓语,自言自笑。

②皇子告敖:皇子为姓,名告敖。为齐之贤士。

③沉:污水聚积之处。履:鬼名。下文中的髻、雷霆、倍阿鲑蠪(lóng)、泆(yì)阳、罔象、莘(shēn)、夔、彷徨、委蛇皆为鬼名。

④烦壤:打扫房间积下的灰尘垃圾等。

⑤雷车:田猎之战车奔跑轰鸣,响声如雷,故名雷车。

⑥辴(zhěn)然:欢笑的样子。

⑦不终日:不满一日。

【译　文】

齐桓公在荒泽中打猎,管仲为他驾车,桓公忽然看见了鬼。桓公拉住管仲说:“仲父你看到了什么?”管仲说:“我什么也没看到。”桓公回来后,受惊而病,数天不出家门。齐国贤士中有个叫皇子告敖的对桓公说:“您这是自我伤害,鬼怎么能伤害您呢!您紧张忿急的心气,扩散而不能回归,造成心气虚亏;这些气集中于上部不能通下,就会让人容易发怒,集中于下部而不上升,就会让人健忘;上升不能下通不得困在身心当中,就会生病。”桓公说:“那真有鬼吗?”皇子告敖说:“有。污水聚积处有履鬼。灶有带髻的灶神。户内

堆放灰尘垃圾处，雷霆之鬼住在那里；住宅东北面墙下，有倍阿、鲑蠪鬼在那里跳跃；西北面墙下，则有泆阳鬼停留。水中之鬼叫罔象，土丘之鬼叫夔，山中之鬼叫峷，旷野之鬼叫彷徨，沼泽之鬼叫委蛇。”桓公说：“请问委蛇的形状像什么？”皇子告敖说：“委蛇，它大如车轮，长如车辕，穿着紫色的衣服，带着红色的帽子。作为鬼呢，它面貌丑恶，一听到雷车的声音就抱住头站着。见到它的人很快会成为霸王。”桓公开心大笑说：“这就是我看到的。”于是端正衣冠和皇子告敖座谈，不满一天工夫，病就不知不觉地消失了。

【原 文】

纪渻子[1]为王养斗鸡。十日而问："鸡已乎[2]？"曰："未也，方虚憍而恃气[3]。"十日又问，曰："未也，犹应向景[4]。"十日又问，曰："未也，犹疾视而盛气。"十日又问，曰："几矣，鸡虽有鸣者，已无变矣，望之似木鸡矣，其德全[5]矣。异鸡无敢应[6]者，反走矣。"

【注 释】

①纪渻（shěng）子：姓纪，名渻子。

②已乎：练成了吗。问其是否已将斗鸡练成。

③虚憍（jiāo）：内心空虚而神态高傲，色厉内荏的样子。憍，同"骄"。恃气：昂头鼓翅挟气以威吓对方。

④向景：向，同"响"；景，同"影"。发觉鸡的声音、影子就有所反应。

⑤德全：精神安定专一，不动不惊。

⑥异鸡：其他的鸡。应：应战，对敌。

【译 文】

纪渻子给周宣王训练斗鸡。过了十天，周宣王派人来问："鸡训练好了吗？"纪渻子回答说："没有，正骄傲自大，意气用事哩。"过了十天后，周宣王又派人来问，纪渻子又回答说:“没呢,听到声响就叫,看到影子还有反应。”又过了十天,周宣王又派人来问,纪渻子又回答说:“还没有,还是怒目瞪视、盛气凌人。”再过十天问时,纪渻子回答说:“快了,即使有鸡鸣,它也没有反应,看起来好像木鸡一样,它的德行已经齐备了。别的鸡没有敢应战的,看到它转身就跑了。”

【原 文】

孔子观于吕梁[①],县水三十仞[②],流沫四十里,鼋鼍[③]鱼鳖之所不能游也。见一丈夫游之,以为有苦而欲死也。使弟子并流而拯之。数百步而出,被发行歌而游于塘下,孔子从而问焉,曰:“吾以子为鬼,察子则人也。请问,蹈水[④]有道乎?”曰:“亡,吾无道。吾始乎故[⑤],长乎性,成乎命。与齐俱入[⑥]，与汩[⑦]偕出，从水之道而不为私[⑧]焉。此吾所以蹈之也。”孔子曰：“何谓始乎故，长乎性，成乎命？”曰：“吾生于陵而安于陵[⑨]，故也；长于水而安于水，性也；不知吾所以然而然，命也。”

【注 释】

①吕梁：地名。

②县水：瀑布。县，同“悬”。仞：古代长度单位。

③鼋（yuán）：鳖中之大者为鼋。鼍（tuó）：鳄鱼类，俗称猪婆龙。

④蹈水：踩水、游水。

⑤故：习惯。

⑥与齐俱入：与旋涡中心一起入水。齐，同“脐”。

⑦汩：涌出的泉水。

⑧不为私：顺水之性，不按己之私意妄动。

⑨陵：高地。

【译 文】

孔子游览于吕梁时，看到瀑布高有三十仞，冲起的激流飞沫达四十里，鼋鼍鱼鳖都不敢游水。孔子看见一个男子在水中游着，还以为是有困苦想自杀的。让弟子们顺着流水去救他。过了数百步后，那人浮出水面，披着头发唱着歌游到了岸下。孔子跟过去问他：“我以为你是鬼，仔细观察你才知是人呐。请问,游泳有什么门道吗?"那人回答说:"没有,我没有什么特别斩方法。开始是出于习惯,慢慢形成了习性,最后就融入了自然。游时和旋涡一块下到水底,再顺着涌流一块浮出水面,顺着水流不做任何私自的改动。这就是我游泳的方法。"孔子说:"什么叫开始是出于习惯,慢慢就形成了习性,最后就成为自然?"回答说:"我出生在山村就安于山村的生活,叫习惯;长大于水乡就安于水乡的特性,叫习性;不知道我为什么这样而这样做了,叫自然。"

【杂 篇】

徐无鬼(节选)

【题 解】

《徐无鬼》是杂篇中的第二篇。本篇取篇首三字为题目。徐无鬼是一位隐士的形象,这里以人名为篇名。该篇篇幅长,内容杂,总体上仍以谈论"无为"为主。关于君天下,作者认为,"爱民,害民之始也,为义偃兵,造兵之本也""君虽为仁义,几且伪哉"!他的主张是,"无藏逆于得,无以巧胜人,无以谋胜人,无以战胜人"。本篇还借黄帝与牧童关于"为天下"的问答,指出沉迷于治天下终将害天下,从而表述了无为而治的思想。

【原 文】

徐无鬼见武侯,武侯曰:"先生居山林,食芧栗[①],厌[②]葱韭,以宾寡人[③],久矣夫!今老邪?其欲干[④]酒肉之味邪?其寡人亦有社稷之福邪?"徐无鬼曰:"无鬼生于贫贱,未尝敢饮食君之酒肉,将来劳君也。"君曰:"何哉!奚劳寡人?"曰:"劳君之神与形。"武侯曰:"何谓邪?"徐无鬼曰:"天地之养也一，登高[5]不可以为长，居下[6]不可以为短。君独为万乘之主，以苦一国之民，以养耳目鼻口，夫神者不自许也。夫神者，好和而恶奸[7]。夫奸，病也，故劳[8]之。唯君所病之[9]，何也？"武侯曰："欲见先生久矣！吾欲爱民而为义偃兵[10]，其可乎？"徐无鬼曰："不可。爱民，害民之始也；为义偃兵，造兵之本也。君自此为之，则殆[11]不成。凡成美[12]，恶器也。君虽为仁义，几且伪哉！形固造形，成固有伐，变固外战[13]。君亦必无盛鹤列于丽谯[14]之间，无徒骥于锱坛[15]之宫，无藏逆于得[16]，无以巧胜人，无以谋胜人，无以战胜人。夫杀人之士民，兼人之土地，以养吾私与吾神者，其战不知孰善？胜之恶乎在？君若勿已矣！修胸中之诚以应天地之情而勿撄[17]。夫民死已脱[18]矣，君将恶乎用夫偃兵哉！"

【注　释】

①芧栗：橡子。

②厌：同"餍"，饱食。

③宾寡人：摈弃我，不做官。宾，通"摈"，弃。

④干：求。

⑤登高：处在高位。

⑥居下：居于低位。

⑦和：平和，指和于德。奸：乱，指与道相悖。

⑧劳：劳其形。

⑨所：所以。病之：病在这里。

⑩偃兵：放下兵器，停止战争。

⑪殆：几乎不。

⑫成美：建立爱民为义的好名声。

⑬变：变乱。外战：公开战争。

⑭丽谯（qiáo）：高楼。

⑮徒骥：步骑兵。锱（zī）坛：祭坛。

⑯无藏：不要私藏。逆：矛盾。得：通“德”。

⑰撄（yīng）：扰乱。

⑱脱：免除。

【译　文】

徐无鬼去见武侯，武侯说：“先生住在山林中，吃橡子，饱食葱韭，远离我很久了。现在是年龄大了？还是想求高官厚禄了？还是有治国的良策可造福于我的国家？”徐无鬼说：“我出身贫贱，不敢贪求君主的高官厚禄，是来问候君主

的。"武侯说:"为什么呢?怎么样问候我呢?"徐无鬼说:"问候你的精神和形体。"武侯说:"怎么讲呢?"徐无鬼说:"天地的养育都是一样的,处在高位的不应该自以为高贵,居于低位的不应该自以为卑微。唯独你作为一国之主,靠苦累全国人民来满足你耳目鼻口的享受,心神却不得自适。心神这东西,喜好和顺而讨厌混乱。心绪紊乱,那是病,所以我来问候你。只有国君你患有这种病症,这是为什么呀?"武侯说:"我想要见先生你很久了。我想要爱护人民为了道义而停止打仗,这样行吗?"徐无鬼说:"不行。爱护人民,是危害人民的开始;为了道义而停战,是发起新的战争的根源。你从这些方面去做,会劳而无功。凡是能成全好名声的,都是做坏事的工具。你即使是为了仁义,却更近于作假。一种形态一定会造就另一种形态,有了成功一定会产生自我炫耀，出现事变一定会引起对外征战。君主也一定不要声势浩大地陈列士兵在城楼之间，不要集结步兵骑兵于锱坛的宫内，不要隐匿丝毫有悖于理的贪念，不要用心计去取胜于人，不要用计谋去取胜于人，不要用战争去取胜于人。屠杀人家的士兵人民，吞并人家的土地，来滋养自己的私欲和精神的，这样的战争究竟有何意义？胜利又在哪里呢？君主如果不这样，修养心中的真性，顺应天地的真情而不扰乱外物，那人民就能摆脱死亡的威胁了，你还何须去停战呢？”

【原　文】

黄帝将见大隗乎具茨[①]之山，方明为御[②]，昌宇骖乘[③]，张若、謵朋[④]前马，昆阍、滑稽后车[⑤]。至于襄城之野[⑥]，七圣皆迷[⑦]，无所问涂。适遇牧马童子，问涂焉，曰：“若知具茨之山乎？”曰：“然。”“若知大隗之所存乎？”曰：“然。”黄帝曰：“异哉小童！非徒知具茨之山，又知大隗之所存。请问为天下。”小童曰：“夫为天下者，亦若此而已矣，又奚事焉！予少而自游于六合之内[⑧]，予适有瞀病，有长者教予曰：‘若乘日之车而游于襄城之野。’今予病少痊，予又且复游于六合之外。夫为天下亦若此而已。予又奚事焉！”黄帝曰：“夫为天下者，则诚非吾子之事，虽然，请问为天下。”小童辞。黄帝又问。小童曰："夫为天下者，亦奚以异乎牧马者哉！亦去其害马者而已矣！"黄帝再拜稽首，称天师而退⑨。

【注 释】

①大隗(kuí)：喻大道，一说神名或人名。具茨：山名。又名大隗山，在今河南省新密市。

②方明：虚设人名，指明白的人。御：驾车，赶车。

③昌宇：虚设人名，指盛美的人。骖乘：坐在车后面的陪乘者。

④张若：虚设人名，指张大的人。謵(xí)朋：指知识广博的人。

⑤昆阍(hūn)：虚设人名，指混同的人。昆，通"混"，混同。滑稽：虚设人名，指言辞雄辩不穷的人。后车：在车后相从。

⑥襄城：今河南省襄城县。野：远郊为野。

⑦七圣：前述六人加黄帝为七圣。迷：迷途。

⑧六合之内：人世之间。

⑨天师：天道的老师。退：退回，反还。

【译 文】

黄帝要到具茨山上去拜见大隗，方明来驾车，昌宇当陪乘，张若謵朋在前导引，昆阍和滑稽在后跟随。到了襄城的郊野，七位圣人全迷失了方向，又无处问路。恰好碰上一个放马的小孩，黄帝向牧童问路："你知道具茨山吗？"小孩说："知道。"黄帝又问："你知道大隗在哪里吗？"小孩又回答

说："知道。"黄帝说："奇怪的小孩，不仅知道具茨山，还知道大隗在哪里。那么请问该怎么治理天下呢？"小孩说："治理天下，也像这样罢了，又为何多事呢？我从小自由自在地游乐于天地之间，正好犯了头晕目眩的病。有位老者教导我：'你乘着太阳车到襄城的郊野去游乐。'现在我的病好了点儿，我又准备去天地间游玩。那治理天下也不过像这样罢了，我又为何要多事呢？"黄帝说："那治理天下，确实不是你的事，即使这样，还是请问该怎么治理天下。"小孩没有作答，黄帝继续请教。小孩说："那治理天下，又有什么不同于牧马的呢？也只是去掉那害马罢了。"黄帝听后给小孩行了叩头到地的大礼，称他为天师，然后离去了。

【原　文】

庄子曰："射者非前期[1]而中谓之善射，天下皆羿[2]也，可乎？"惠子曰："可。"庄子曰："天下非有公是[3]也，而各是其所是[4]，天下皆尧也，可乎？"惠子曰："可。"庄子曰："然则儒墨杨秉[5]四，与夫子为五，果孰[6]是邪？或者若鲁遽[7]者邪？其弟子曰：'我得夫子之道矣！吾能冬爨[8]鼎而夏造冰矣！'鲁遽曰：'是直以阳召阳，以阴召阴，非吾所谓道也。吾示子乎吾道。'于是为之调瑟，废一于堂，废一于室，鼓宫宫动，鼓角角动，音律同矣！夫或改调一弦，于五音无当也，鼓之，二十五弦皆动，未始异于声而音之君已！且若是者邪！"

【注　释】

①前期，预定目标。

②羿(yì)：人名，即后羿。

③公是：共同认可的是非标准。

④各是其所是：各人肯定自己所认为是对的。

⑤秉：公孙龙的字。

⑥孰：谁。

⑦鲁遽(jù)：人名，周初人。

⑧爨(cuàn)：烧。

【译 文】

庄子说:“射箭的人没有先瞄准而误中了就称他善于射箭,天下就都是后羿那样善射的人了,能这么说吗?”惠子

说:“可以。”庄子又说:“天下没有个公认的标准,而人人自以为是,那天下人就都成圣人尧了,能这么说吗?”惠子说:“可以。”庄子说:“那么郑缓、墨翟、杨朱、公孙龙四家,加上先生共五家,究竟哪一家是正确的呢?又或者像鲁遽那样吗?他的弟子说:‘我学得了先生您的学问了!我能寒冬烧鼎,酷暑造冰了。’鲁遽说:‘这只是用阳气招来了阳气,用阴气招来了阴气,不是我所说的学问。我让你看看我主张的道理。’于是调好瑟弦,放一张在厅中,放一张在居室,在一张上弹奏宫音,另一张便呼应共鸣,在一张上弹奏角音,另一张也呼应共

鸣，这是因为它们的音律相同。如果改变了其中一根弦的调，让它和五音不合，再弹奏它，二十五根弦就都会跟着演奏起来。但是始终不会发出不同的声调，只是以声音为主而已？”

【原 文】

惠子曰："今乎儒墨杨秉，且方与我以辩，相拂[1]以辞，相镇[2]以声，而未始吾非也，则奚若[3]矣？"庄子曰："齐人蹢子于宋[4]者，其命阍也不以完[5]；其求钘钟[6]也以束缚；其求唐子也未始出域[7]：有遗类[8]矣！夫楚人寄而蹢阍者；夜半于无人之时而与舟人斗，未始离于岑[9]而足以造于怨也。"

【注 释】

①相拂：相互指责，相互反驳。拂：违戾。

②镇：压。

③奚若，怎么样，如何。

④蹢（dí）：通，"擿"，投，放。子：儿子。宋：宋国。

⑤命：命令，任命。阍：看守大门的人。不以完：不使他完其管钥。

⑥钘（jiān）钟：乐器。

⑦唐子：失亡之子，丢掉的儿子。域：借为阈，门限之内。

⑧遗类：遗失伦类，违反一般的道理。

⑨岑：岸。

【译 文】

惠子说："现在郑缓、墨翟、杨朱、公孙龙四家，正在和我辩论，互相用言语来反驳，互相用声音来压制对方，但从未

以为自己存在错误，那么将会怎样呢？"庄子说："有个齐国的人把他的儿子扔到了宋国，他迫使儿子像残疾人一样做守门人；他得到钘钟后把它们包裹捆绑起来；他寻找丢掉的孩子却不出村门。这就和你们的辩论相似啊！有个楚人寄居在别人家却责骂那里的守门人；半夜无人时又和船家打斗，还没离岸就已经结下仇怨了。"

【原　文】

庄子送葬，过惠子之墓，顾谓从者曰："郢人垩[1]漫其鼻端若蝇翼，使匠人斫[2]之。匠石运斤[3]成风，听而斫之，尽垩而鼻不伤，郢人立不失容[4]。宋元君[5]闻之，召匠石曰：'尝试为寡人为之。'匠石曰：'臣则尝能斫之。虽然，臣之质[6]死久矣。'自夫子之死也，吾无以为质矣！吾无与言之矣！"

【注　释】

①郢(yǐng)：楚国的国都。垩：白灰。漫：涂。

②斫(zhuó)：砍。

③石：人名。斤：斧。

④失容：失色。

⑤宋元君：宋国的国君。

⑥质：对象。

【译　文】

庄子给亲朋送葬，经过惠施的坟墓，回头对随从的人说："郢地有个人在他的鼻尖上涂苍蝇翅膀那样大小的白灰，让匠石把白灰砍掉。匠石运斧成风，声声作响地砍白灰，砍尽了白灰而没伤鼻子，郢地的人站立面不改色。宋元

君听到此事，召匠石说：‘试试为我砍一次看看。’匠石说：‘我曾经确实能砍掉鼻尖上的小灰泥。可是，那个敢让我砍的人已尼死去很久了。’先生死了以后，我没有对手了，没有辩论的对象了！”

【原 文】

管仲①有病，桓公问之曰："仲父之病病矣，可不讳云，至于大病，则寡人恶乎属国②而可？"管仲曰："公谁欲与？"公曰："鲍叔牙。"曰："不可。其为人洁廉，善士也；其于不己若者不比之；又一闻人之过，终身不忘。使之治国，上且钩③乎君，下且逆乎民④。其得罪于君也将弗久矣！"公曰："然则孰可？"对曰："勿已则隰朋⑤可。其为人也，上忘而下畔，愧⑥不若黄帝，而哀⑦不己若者。以德分人谓之圣；以财分人谓之贤。以贤临人，未有得人者也；以贤下人，未有不得人者也。其于国有不闻也，其于家有不见也。勿已则隰朋可。”

【注　释】

①管仲：春秋时期著名的政治家，法家学派的先驱者。

②恶(wū)：怎么，何。属：同“嘱”，托付，嘱托。国：国政。

③钩：拘束。

④逆乎民：违逆民意。

⑤隰(xí)朋：人名，齐国的公族大夫。

⑥愧：惭愧。

⑦哀：怜爱。

【译　文】

管仲生病了，齐桓公问他说：“仲父的病情已经很严重

了，我只好不忌讳地说了。一旦您一病不起，那么我把国事托付给谁好呢？”管仲说：“您准备委托给谁？”齐桓公说：“鲍叔牙。”管仲说：“不行。他为人廉洁，是个好人。他对不如自己的人，就不去亲近，而且一听到某人的过错，就念念不忘。让他来治理国家，对上会束缚国君，对下会违背民意。时间一久，他得罪了国君，也就无法保全自身了。”齐桓公说：“那么谁可以呢？”管仲回答说：“要不就隰朋吧。他的为人，对上不计较，对下又和善，惭愧自己不如黄帝，而爱怜比不上自己的人。用道德来感化他人的称之为圣，用财物给予他人的称之为贤。自恃贤名而居高临下于他人的，没有能获得人心的；拥有贤名又谦逊于人的，没有不能获得人心的。对于国事不会事无巨细样样都亲自打听，他对于家事不会不分大小件件都亲自过目。不得已的话，那么隰朋可以。”

【原　文】

吴王浮[①]于江，登乎狙[②]之山，众狙见之，恂然弃而走[③]，逃于深蓁[④]。有一狙焉，委蛇攫[⑤]搔，见巧乎王。王射之，敏给搏捷矢。王命相者[⑥]趋射之，狙执死。王顾谓其友颜不疑[⑦]曰：“之狙也，伐[⑧]其巧、恃其便以敖予，以至此殛也。戒之哉！嗟乎！无以汝色骄人[⑨]哉？”颜不疑归而师董梧[⑩]，以锄其色，去乐辞显[⑪]，三年而国人称之。

【注　释】

①吴王:吴国的君主。浮:泛舟。

②狙:猕猴。

③恂(xún):恐惧、害怕。弃:弃地。走:跑,逃跑。

④蓁(zhēn):通“榛”。

⑤委蛇(wěi yí):同“委佗”,庄重而又从容自得的样子。攫:攀搏抓取。

⑥相者:随从打猎的人。

⑦颜不疑:人名。

⑧伐:夸,矜。

⑨汝:你。色骄:骄傲的态度。人:别人。

⑩董梧:人名,吴国的贤人。

⑪去乐:去掉享乐。作抛弃声乐解误。辞显:辞谢显贵。

【译　文】

吴王泛舟于江上,登上猕猴山。群猴看见他,恐惧四散地跑掉,逃到榛树丛中。有一只猴子,从容自得地攀搏抓取,向吴王显示灵巧。吴王射它,它敏捷地接取箭头。吴王命令随从者上前一齐射它,猕猴中箭而死。吴王回头对他的朋友颜不疑说:“这只猕猴,炫耀它的灵巧,自恃灵敏而在我面前傲慢,以致这样死去!要引以为戒啊!唉!不要用你的骄傲的态度对待别人啊!”颜不疑回去拜董梧为师,改掉了傲态,抛弃了享乐,告别了荣华显耀。三年后国人都称

赞他。

【原　文】

仲尼之楚，楚王觞[①]之。孙叔敖[②]执爵而立。市南宜僚[③]受酒而祭，曰："古之人乎！于此言已。"曰："丘也闻不言之言矣，未之尝言，于此乎言之：市南宜僚弄丸而两家之难[④]解；孙叔敖甘寝秉羽而郢人投兵[⑤]；丘愿有喙三尺[⑥]。"彼[⑦]之谓不道之道，此[⑧]之谓不言之辩。故德总乎道之所一，而言休乎知之所不知，至矣。道之所一者，德不能同也。知之所不能知者，辩不能举也。名若儒墨而凶矣。故海不辞东流，大之至也。圣人并包天地，泽及天下，而不知其谁氏。是故生无爵，死无谥，实不聚，名不立，此之谓大人⑨。狗不以善吠为良，人不以善言为贤，而况为大乎！夫为大不足以为大，而况为德乎！夫大备⑩矣，莫若天地。然奚求焉，而大备矣！知大备者，无求、无失、无弃，不以物易己也。反己而不穷，循古而不摩⑪，大人之诚！

【注　释】

①觞：酒器。做动词用，意为敬酒。

②孙叔敖：人名，据《左传》记载，他是楚庄王相，此时孔子尚未出生，此处是庄子的假托。

③市南宜僚：熊宜僚，居市南，故称市南宜僚，亦号市南子，是楚国的勇士。

④两家之难：楚白公胜要作乱，想杀令尹子西，去请勇士市南宜僚，宜僚不答应，使者用剑威胁他，他仍然玩弄弹丸既不害怕，也不从命，于是白公胜欲作乱未成，此为弄丸解两家之难。

⑤甘寝：安寝。秉：执。羽：羽毛扇。郢：楚国的都城。郢人：楚人。投兵：投弃兵器，不用兵器，不打仗。

⑥丘愿有喙三尺：孔子自己愿意有三尺长的嘴不能说话。喙，鸟嘴。鸟喙长不能鸣叫。

⑦彼：孙叔敖和市南宜僚。

⑧此：孔子。

⑨大人：圣人。

⑩大备：体现了大。

⑪摩：磨灭。

【译　文】

孔夫子到了楚国，楚王招待他。孙叔敖拿着酒器站在旁边。市南宜僚把酒洒在地上祭祷说："古代的人，在这时要说一说话。"孔子说："我听说有不用言谈的言论，还从没说过，在这里说一下吧。市南宜僚玩球而免除了两家的灾

难；孙叔敖安睡摇扇就让楚人停战；我难道愿意多嘴多舌。"他们的叫作不言之道，我的叫作不言之论。所以，德是统领于道的同一性的，说话时在自己知识所不涉及的地方能停止，那就最好了。同样是悟得道的人，德是不一样的。知识有无法知道的，善辩的人也不能尽数列举。标榜自我名声，

像儒墨两家那样就危险了。所以,大海不拒绝流入的江河,才成了最博大的。圣人胸怀能包容天地,恩惠遍及天下,人民却不知道他是谁。他活着时没有官爵,去世后没有谥号,不聚财,不留名,这就是伟大的人。狗不因为它善于吠叫就称为好狗,人不因为他善于言辞就称为贤人,更何况是伟大的人呢?那些伟大的人都不认为自己伟大,何况只是修德养性的人呢?再大也大不过天地,天地什么也不求,却是最完备的。懂得完备的人,没有索求,没有散失,没有抛弃,不因外物而更改自我。自求于己而不穷尽,顺应常性而不磨灭,这就是伟大之人的真性。

外物(节选)

【题 解】

《外物》是杂篇的第四篇。本篇取篇首二字为题目。外物,即外在的事物。本篇旨在讨论虚己无为以养生这一话题。庄子认为,外物本无定数,如忠孝之类,勉强求之,反会使自己陷于利害之争的境地,认为只有真正的高人才能悠游于世事之中而不会出现偏执,顺随人事而不会失去自我。

【原 文】

外物不可必[1],故龙逢[2]诛,比干[3]戮,箕子[4]狂,恶来[5]死,桀、纣[6]亡。人主莫不欲其臣之忠,而忠未必信,故伍员[7]流于江,苌弘死于蜀[8],藏其血,三年而化为碧。人亲莫不欲其子之孝,而孝未必爱,故孝己忧而曾参[9]悲。木与木相摩则然,金与火相守则流,阴阳错行,则天地大絯[10],于是乎有雷有霆,水中有火[11],乃焚大槐。有甚忧两陷[12]而无所逃。螴蜳[13]不得成,心若县于天地之间,慰暋沉屯,利害相摩,生火甚多,众人焚和,月[14]固不胜火,于是乎有僓然而道尽[15]。

【注　释】

①不可必：不能有必然的标准。

②龙逢(féng)：关龙逢，夏代的贤臣。

③比干：纣王的叔父，因忠谏而被挖心。

④箕(jī)子：纣王的庶叔，曾劝谏纣王，纣王不从，箕子因而佯狂避祸。

⑤恶(è)来：人名，纣王的媚臣。

⑥桀：夏代的最后一个君主，名履癸，是个暴君。纣：纣王，是商朝的最后一个君主，亦是暴君。

⑦伍员(yún)：伍子胥，吴王夫差的大夫。

⑧苌弘：春秋时周大夫。蜀：为当时周的一个地方，非指四川。

⑨孝己：殷高宗的儿子，受后母虐待，忧苦而死。曾参：字子舆，孔子弟子。

⑩绫(hài)：通"骇"，惊。

⑪水中有火：雨中有雷电。

⑫甚：过分。忧：忧伤。两陷：陷于阴阳，指人心陷于阴阳。

⑬螴(chén)：不安。蜳(dūn)：亦作茕(qióng)，忧虑。螴蜳：如虫的不安宁。

⑭月：人心的清明。

⑮僓(tuí)然：颓败的样子。道尽：天性丧失，中途夭折，不能尽天年。

【译　文】

外在事物都没有定数，所以龙逢被杀害，比干被挖心致死，箕子被迫装疯卖傻，恶来也终被处死，夏桀、商纣最后都

灭亡。君主没有不希望自己的大臣忠心不二的，但忠心耿耿未必被信任，所以伍员的尸体被抛江流逝，苌弘在蜀自杀，他的血保存了，三年后化成了碧玉。父母亲没有不希望自己的儿女孝敬的，但孝敬未必被宠爱，所以孝己终因后母的虐待而死，曾参常因挨打而悲泣。木和木相互摩擦会燃烧，金属和火守在一处就会熔化，阴和阳发生差错，天地就会大加震动，于是雷霆齐发，电闪雨倾，魁伟的大槐树被焚烧毁灭。非常忧虑，就会陷入利害之争两种境地而无处可逃。心神不定，事事无法可成，心灵就仿佛悬于天地之间而没有着落，忧郁苦闷，而利害在心中不断冲突，心火越生越多，众人都跟着忧心如焚，清静的心性本来受不住焦虑，于是精神颓废而中午丧命。

【原　文】

庄周家贫，故往贷粟于监河侯①。监河侯曰："诺。我将得邑金②，将贷子三百金，可乎？"庄周忿然作色曰："周昨来，有中道③而呼者，周顾视车辙，中有鲋鱼④焉。周问之曰：'鲋鱼来，子何为者耶？'对曰：'我，东海之波臣⑤也。君岂有斗升之水而活我哉！'周曰：'诺，我且⑥南游吴越之王，激西江⑦之水而迎子，可乎？'鲋鱼忿然作色曰：'吾失我常与⑧，我无所处。我得斗升之水然活耳。君乃言此，曾不如早索我于枯鱼之肆⑨。'"

【注　释】

①贷：借贷。粟：谷子。监河侯：监理河道的官。

②邑金：一邑租赋的收入。

③中道：道中或中途。

④鲋鱼：鲫鱼。

⑤波臣：波荡之臣，波荡冲来而失水的水族臣仆。

⑥且：将要。

⑦激：引。西江：指蜀江。

⑧常与：恒常共处的水。

⑨曾：还，乃，就。索：寻找。枯鱼之肆：干鱼市场。

【译　文】

庄周家中贫困，所以去监河侯家借米。监河侯说："可以。我马上就要收得封地的税金了，到时借给你三百金，好吗？"庄周气得脸色都变了，说："我昨天来时，在途中听到呼救的声音，我回头看见在车辙中有条鲫鱼。我问它说：'鲫鱼啊，你干什么呢？'鲫鱼回答说：'我是东海的一名小官。您能拿斗升之水使我活下来吗？'我说：'好，我将南去游说吴越之王，引来西江的水救你，行吗？'鲫鱼气得脸色都变了，说：'我失去了我离不开的水，没有活命之地了。我得到斗升之水就可以活了，您竟然说这些话，那还不如早点到干鱼市场上去找我呢！'"

【原　文】

宋元君夜半而梦人被发窥阿门①，曰："予自宰路②之渊，予为清江使河伯③之所，渔者余且④得予。"元君觉，使人占⑤之，曰："此神龟也。"君曰："渔者有余且乎?"左右曰："有。"君曰："令余且会朝。"明日，余且朝。君曰："渔何得?"对曰："且之网得白龟焉，其圆五尺。"君曰："献若之龟。"龟至，君再欲杀之，再欲活之。心疑，卜之。曰："杀龟以卜吉。"乃刳⑥龟，七十二钻而无遗筴⑦。仲尼曰："神龟能见梦于元君，而不能避余且之网；知⑧能七十二钻而无遗筴，不能避刳肠之患。如是则知有所困，神有所不及也。虽有至知，万人谋之。鱼不畏网而畏鹈鹕⑨。去小知而大知明，去善而自善矣。婴儿生，无硕师⑩而能言，与能言者处也。"

【注　释】

①宋元君：宋国国君宋元公，名佐。被：披散，散开。阿门：偏门。

②予：我。自：从。宰路：渊名。

③为：做。清江：与浊江对比而言。河伯：河神。

④渔者：打鱼的人。余且：打鱼人的人名。

⑤占：占梦。

⑥刳(kū)：剖空。

⑦钻：占卜。筴(jiā)：通"策"。

⑧知：通“智”。

⑨鹈鹕（tí hú）：捕鱼的鸟。

⑩硕师：大师。

【译　文】

宋元君半夜梦见有个披头散发的人从侧门向里窥察，对他说：“我从宰路的深渊来，是要出使到河神那里去的清江使者，渔人余且捕到了我。”宋元君醒来，让人占卜这个梦。占卜的人说：“这是一只神龟。”宋元君说：“渔人中有个叫余且的吗？”左右侍从回答说：“有。”宋元君说：“命令余且来朝见我。”第二天，余且前来朝见。宋元君说：“你捕到了什么呢？”余且回答：“我捕得一只白龟，圆周有五尺长。”

宋元君说:“献上你的龟来。”龟送到后,宋元君既想杀掉它,又想养活它。心中实在犹疑不定,就让人占卜。占卜的人说:“杀掉白龟,用龟壳来占卜效果很好。”于是掏空了白龟,用它占卜了好多次,没有一次不灵验的。仲尼说:“神龟能给宋元君托梦,却没有办法避开余且的渔网;它的智慧能多次占卜没有失误,却没有办法躲过被掏空内脏的祸患。这样说来,智能再高也有困窘的时候,神灵也有它无法达到的地方。尽管有最高的智慧,无数的人却都在算计它。鱼儿不怕渔网,却害怕鹈鹕。能够抛弃小聪明,才能使大智慧显示出来。除去伪善,那真正的善性自然就出现了。婴儿生下后没有高师指导,慢慢就能自己说话,这是和会说话的人处在一起的缘故。”

寓言（节选）

【题　解】

《寓言》以篇首头二字为本篇命名。“寓言”就是以假托他人之言来阐发自己的道理。这是庄子论述自己观点的一种手法。全篇的特点在于庄子的哲理是用大量的寓言作为论证的根据的，但也包括了“重言十七”的内容。

【原　文】

寓言十九①，重言十七②，卮言日出③，和以天倪④。寓言十九，籍外论之。亲父不为其子媒⑤。亲父誉之，不若非其父者也。非吾罪也，人之罪也。与己同则应，不与己同则反。同于己为⑥是之，异于己为非之。重言十七，所以已言也。是为耆艾⑦，年先矣，而无经纬本末以期⑧年耆者，是非先也。人而无以先人，无人道也。人而无人道，是之谓陈人⑨。卮言日出，和以天倪，因以曼衍⑩，所以穷年⑪。

【注 释】

①寓言：假托他人所说的话。十九：十分之九。

②重言：假托前人所说的话。十七：十分之七。

③卮(zhī)言：没有成见而随意表达的言论。卮，漏卮，古代盛酒的器皿。日出：随时出现，天天说出来。

④和：合。天倪：自然的分际。

⑤不为其子媒：不为自己的儿子做媒人。意思是自己说不如别人说。

⑥为：则，不同。

⑦耆艾(qí yì)：六十为耆，五十为艾，泛指老年人，长奉的人。

⑧经纬：纵横。本末，始终。经纬本来，皆指学习而言。期：期待。

⑨陈人：陈死的人，陈腐的人。

⑩曼衍：发展变化。

⑪穷年：尽年，终其天年。

【译 文】

假托他人所说的话，十句有九句让人相信，假托前人所说的话，无心之言天天讲，总合自然的分际。假托他人所说的话十句有九句让人相信，是因为是借别人的嘴来论说的。父亲不为自己的儿子做媒。父亲称赞儿子，总不如让别人称赞更可信。别人说就不是自己的过错，而是别人的过错。与自己意见相同就应和，与自己意见不相同的就反驳。同于自己的意见就肯定它，不同于自己的意见就否定它。假

托前人所言的话，十句话有七句让人相信，因为不是自己的言论，而是年长者的言论。年长了，而没有见解只徒称年长的人，就不算是先人。做人而没有先人的才智，就是缺少为人之道的人。人没有人道，就是陈腐的人。无心的话天天讲，合于自然的分际，由此可以推衍事理，享尽天年。

【原　文】

不言则齐[①]，齐与言不齐，言与齐不齐也。故曰："言无言[②]。"言无言：终身言，未尝言；终身不言，未尝不言。有自[③]也而可，有自也而不可；有自也而然，有自也而不然。恶乎然？然于然；恶乎不然？不然于不然。恶乎[④]可？可于可；恶乎不可？不可于不可。物固有所然，物固有所可。无物不然，无物不可。非卮言日出，和以天倪，孰得其久[⑤]！万物皆种也，以不同形相禅[⑥]，始卒若环[⑦]，莫得其伦，是谓天均。天均者，天倪也。

【注 释】

①不言则齐：不说话就齐一而无是非。

②言无言：说了没有说的话。

③自：由。

④恶(wū)乎：怎么。

⑤久：恒。

⑥形：形式、形态。禅(chán)：代替。相禅：新陈代谢。

⑦始卒若环：首尾相接像环。

【译 文】

不发言论，万物自然齐谐，齐谐中参与了主观言论就不再齐谐了，主观言论一参与齐谐也就无法齐谐了。所以说："要说无声的语言。"说无声的语言，是一生都在传达真意，却从未开口说话；一生都没开口说话，但却并不是没有说话。有的是肯定的，有的是不肯定的；有的是正确的，有的是不正确的。怎样是正确的？正确的就是正确的。怎样是不正确的？不正确的就是不正确的。怎样是肯定的？肯定的就是肯定的。怎样是不肯定的？不肯定的就是不肯定

的。万物本来就有它正确的一面，万物本来就有它肯定的一面；没有一物不存在正确的一面，没有一物不存在肯定的一面。要不是无心之言日出不穷，顺随自然，事理哪能日新月异地持续下去呢？万物都有种类，以不同的形象互相代替，循环往复，没有先后次序，这就叫做自然均等统一。自然均等统一，正是自然的法则。

【原　文】

庄子谓惠子曰："孔子行年六十而六十化[①]。始时所是，卒而非之。未知今之所谓是之非五十九非也。"惠子曰："孔子勤志服[②]知也。"庄子曰："孔子谢之矣，而其未之尝言。孔子云:'夫受才乎大本[3],复灵以生[4]。鸣而当律[5],言而当法[6]。利义陈乎前,而好恶是非直[7]服人之口而已矣。使人乃以心服而不敢蘁[8],立定天下之定。'已乎,已乎!吾且不得及彼[9]乎!"

【注 释】

①六十化:六十次变化,六十次修善。

②勤志:勤行励志。服:役使心智。

③大本:天道。

④复灵:复为恢复,灵为灵善。生:生气。

⑤鸣:声。而:通则。当:符合。律:乐律。

⑥法:礼法。

⑦直:只是。

⑧蘁(wù):违逆。

⑨彼:孔子。

【译 文】

庄子对惠子说:"孔子六十年中有六十次修善德行。开始肯定的,后来又否定它。很难说今天所认为是对的就不是五十九年来所认为是错误的。"惠子说:"孔子励志勤行,用智学道吗?"庄子说:"孔子已经过于用智了,但他未尝多言。孔子说:'人的才智是禀受于天的,恢复灵善才能有生

气。发出的声音要符合乐律，说出的言论要符合法度。利害仁义摆在面前，而好恶是非的辨别，只能是服人之口罢了。要使人心服而不敢违逆，这样才算确立了天下的定则。'算了吧，算了吧！我还赶不上他呢！"

【原　文】

众罔两问于景[①]曰："若向也俯[②]而今也仰，向也括[③]而今也被发，向也坐而今也起，向也行而今也止。何也？"景曰："搜搜[④]也，奚稍问[⑤]也！予有而不知其所以。予，蜩甲[⑥]也，蛇蜕也[⑦]，似之而非也。火与日，吾屯[⑧]也；阴与夜，吾代[⑨]也。彼，吾所以有待邪，而况乎以无有待[⑩]者乎！彼来则我与之来，彼往则我与之往，彼强阳则我与之强阳。强阳者，又何以有问乎！"

【注 释】

①众罔两：多个影外的微影。景：同“影”。

②若：汝，你，向：从前，过去。俯：低头。

③括：束发。

④搜搜：又作叟叟，摇动的样子。指众罔两。

⑤奚：何。稍：借作屑。奚稍问：为什么贸然发问。

⑥蜩（tiáo）：蝉。蜩甲：蝉蜕。

⑦蛇蜕：蛇皮。也：同“邪”，语气词。

⑧屯：聚，出现。

⑨代：消失。

⑩有待：有依赖。

【译 文】

影外的微影问影子说：“你过去低头而今仰头，过去束发而今披发，过去坐着而今站起，过去行走而今停步。这是为什么呢？”影子说：“这是自然而然的动作，有什么值得问的呢！我虽然活动而不知道为什么这样。我犹如蝉壳、蛇皮，只是像蝉、蛇，但并非蝉、蛇。有火和日，我就出现；在阴天与黑夜，我就隐没了。有形的物体是我的依赖，更何况谁没有要依赖的东西呢！有形的物体来我就随它来，有形的物体去我就随它去，有形的物体动作我随它动作，这些自然而然的动作，又有什么值得问的呢！”

列御寇(节选)

【题　解】

《列御寇》以人名为篇名。列御寇，即列子，道家学派的先驱者。全篇的主旨在于宣扬不可炫智于外而应养神于心，不应求仕求禄，不应追求智巧，不应贪功图报。

【原　文】

列御寇之齐[①]，中道而反，遇伯昏瞀人[②]。伯昏瞀人曰："奚方而反?"曰："吾惊焉。"曰："恶乎惊?"曰："吾尝食于十浆[③]而五浆先馈。"伯昏瞀人曰："若是则汝何为惊已?"曰："夫内诚不解[④]，形谍[⑤]成光，以外镇人心，使人轻乎贵老[⑥]，而赍其所患[⑦]。夫浆人特[⑧]为食羹之货，无多余之赢，其为利也薄，其为权也轻，而犹若是，而况于万乘之主[⑨]乎！身劳于国而知尽于事，彼将任我以事，而效[⑩]我以功。吾是以惊。"伯昏瞀人曰："善哉观乎！汝处己，人将保[⑪]汝矣！"

【注 释】

①列御寇：人名。郑国人，列子贵虚，为先秦道家学派的先驱。之：往，去。齐：齐国。

②伯昏瞀(mào)人：人名，楚国的贤人，隐者。

③浆：米汤，指卖米汤的店铺。十浆，十家浆铺。

④内诚：内心真诚。不解：有症结没有融化。

⑤形谍：没有融化的症结从外表上流露出来。

⑥老：年老。

⑦赍：聚积。

⑧特：只是。

⑨万乘之主：皇帝。

⑩彼：国君。效：功效。

⑪保：归附，依附。

【译 文】

列御寇到齐国去，中途就返回来了，路上遇见伯昏瞀人。伯昏瞀人问他："是什么让你返回来了？"列御寇说："那地方让我感到惊骇。"伯昏瞀人说："什么让你感到惊骇？"列御寇说："我曾到十家卖浆的店里买浆吃，就有五家先给我送来。"伯昏瞀人说："不过如此，你又为何感到惊骇？"列御寇回答说："那内心诚挚却还没从世俗中解脱出来，就会在外表上呈现出迷人的光彩，靠外形的东西来镇服人心，使人

尊重自己超过了对年龄大的人的尊重，这样会招来祸患。那卖浆人只做饮食的小买卖，没有大的赚头，利润也微薄，权势也轻微，但都已经这样了，更何况是一国的君主呢？国君因国事而身体劳顿，才智耗尽，他将会把政事委任给我并检验我的功绩。我是因这而感到惊骇。”伯昏瞀人说：“真是善于观察啊！你慢慢看吧，人们将要归附于你了。”

【原 文】

无几何[①]而往，则户外之屦[②]满矣。伯昏瞀人北面而立，敦杖[③]蹙之乎颐。立有间，不言而出。宾者以告列子，列子提屦，跣[④]而走，暨乎门，曰：“先生既来，曾不发药[⑤]乎？”曰：“已矣，吾固告汝曰：人将保汝。果保汝矣！非汝能使人保汝，而汝不能使人无保汝也，而焉用之感豫[⑥]出异也？必且有感，摇而本性，又无谓也。与汝游者，又莫汝告也。彼所小言[7]，尽人毒[8]也。莫觉莫悟，何相孰也！巧者劳而知者优，无能[9]者无所求，饱食而敖游[10]，汎[11]若不系之舟，虚[12]而敖游者也。”

【注 释】

①无几何：没多久，不几天。

②屦（jù）：麻葛鞋。

③敦杖：以杖顿地。

④跣：光着脚。

⑤曾：乃。发药：比喻治病救人的言论。

⑥而：代词，你。用：因。豫：同“愉”，愉快。

⑦小言：琐碎的言论。

⑧尽入毒：尽是害人的东西。

⑨无能：无为而得道。

⑩敖游：不受外物的束缚，自由自在地游荡于虚无的境界。

⑪汎（fàn）：飘流不定，漫无目的。

⑫虚：内心空虚无目的，指无应无不应。

【译 文】

没过多长时间，伯昏瞀人到列御寇那儿，看到他门外放满了鞋子。伯昏瞀人面向北站着，拄杖而立，下巴贴着拐

杖，站了一会儿，没说什么就出来了。客人们把这件事告诉列御寇，列御寇提着鞋，光着脚就跑着追了出来，到了门口，说："先生既然来了，为什么不指导一下？"伯昏瞀人说："罢了，我本来已对你说了：人们将会归附于你。果然人们归附你了。不是说你能让人们归附你，而是说你不能让人们不要归附你，你何必因此感到愉悦，让自己显得与众不同呢？一定有什么动摇了你的本性，而你却无可奈何。和你共同游历的人，又不能告诉你。他们的那些卑俗琐碎之言，都是毒害人的东西。你却不醒悟，竟同他们混熟。灵巧的人劳累，智慧的人忧虑。无为而得道的人无所要求，吃饱后就随心遨游，自由得仿佛没有系绳的小舟，这就是心境虚无而遨游自在的人。"

【原　文】

宋人有曹商[1]者，为宋王[2]使秦。其往也，得车数乘。王说[3]之，益车百乘。反于宋，见庄子，曰："夫处穷闾厄巷[4]，困窘织屦，槁项黄馘[5]者，商之所短也；一悟[6]万乘之主而从车百乘者，商之所长也。"庄子曰："秦王有病召医。破痈溃痤[7]者得车一乘，舐痔[8]者得车五乘，所治愈下[9]，得车愈多。子岂治其痔邪？何得车之多也？子行矣！"

【注　释】

①曹商：人名。

②宋王：宋君偃。

③说：通"悦"。

④穷闾（lǘ）：贫穷僻里。厄巷：狭巷。

⑤槁项：干枯的脖子。馘（guó）：本指为计数报功而割下的敌人的左耳，这里指脸。

⑥一：一旦。悟：使……觉悟。

⑦痈：多个脓头的毒疮。痤：痤疮，粉刺。

⑧舐：舔。痔：痔疮。

⑨下：卑下。

【译　文】

宋国有个叫曹商的人，被宋王派遣出使到秦国。他走时，宋王给了他几辆车，到秦国他得到了秦王的喜爱，秦王又给他

增加了上百辆车。回到宋国后，曹商见到了庄子，对庄子说："你身居贫穷狭窄的小巷，靠编草鞋过着极其穷困的日子，面黄肌瘦，脖子像枯木一样干瘪，这实在是我所比不上的。见了一下大国的君主，就得到随从车辆百余乘，这是我曹商的优越之处。"庄子说："秦王得病了，征召医生。能够使脓疮毒疖溃破的，可获得车一辆，能够舐舔他的痔疮的，可获得车五辆，所医治的病越卑下，获得的车就越多。您难道去给秦王舐舔痔疮了吗？怎么会获得这么多的车呢？您，走吧！"

【原　文】

人有见宋王者，锡[1]车十乘。以其十乘骄稚[2]庄子。庄子曰："河上有家贫恃纬萧[3]而食者，其子没[4]于渊，得千金之珠[5]。其父谓其子曰：'取石来锻之[6]！夫千金之珠，必在九重之渊而骊龙颔[7]下。子[8]能得珠者，必遭[9]其睡也。使骊龙而寤[10]，子尚奚微之有哉！'今宋国之深[11]，非直[12]九重之渊也；宋王之猛[13]，非直骊龙也。子能得车者，必遭其睡也；使宋王而寤，子为齑粉[14]夫！"

【注　释】

①锡：通"赐"。

②骄稚：骄矜。

③纬：编。萧：芦苇。

④没：沉没，潜入水中。

⑤千金：价值千金。珠：珍珠。

⑥锻：锤破。之：代珠。

⑦重：层。骊龙：黑龙。颔：下巴。

⑧子：你。

⑨遭：遇。

⑩使：假使。寤：醒。

⑪宋国之深：宋国危机的深重。

⑫非直：不但，不止。

⑬猛：凶猛。

⑭齑(jī)粉：粉末。

【译　文】

有个人拜见宋王，宋王赏了他十辆车。凭着这十辆车，他向庄子炫耀。庄子说："河上有一家贫穷的靠编织芦苇来谋生的人，他的儿子潜入深渊，获得了一颗价值千金的宝珠。他父亲对儿子说：'拿石头来砸碎它。这价值千金的珠子，一定藏在九重深渊中的黑龙的下巴颏下边，你能够得到这珠子，一定是黑龙正在睡觉。若黑龙醒来，你还能活着回来吗？'现在宋国危机的深重，不只是九重深渊的程度；宋王

的凶狠，不只是黑龙那样凶狠的程度。你能够得到赏车，一定是遇上了宋王昏睡之时。假若宋王醒来，你也就必将粉身碎骨了。”

【原　文】

庄子将死[①]，弟子欲厚葬之。庄子曰：“吾以天地为棺椁，以日月为连璧[②]，星辰为珠玑[③]，万物为赍[④]送。吾葬具岂不备邪？何以加此！”弟子曰：“吾恐乌鸢[⑤]之食夫子也。”庄子曰：“在上为乌鸢食，在下为蝼蚁[⑥]食，夺彼与此[⑦]，何其偏[⑧]也！”以不平平，其平也不平；以不徵徵[⑨]，其徵也不徵。明者唯为之[⑩]使，神者徵之。夫明之不胜神也久矣，而愚者恃其所见入于人[⑪]，其功外也，不亦悲乎！

【注　释】

①将死：将要死去。

②连璧：两块并连起来的玉璧。

③珠玑：珍珠。珠，圆的为珠。玑，不圆的为玑。

④赍（jī）：送葬品。

⑤吾：我们。恐：恐怕。乌：乌鸦。鸢（yuān），老鹰。

⑥蝼蚁：蝼蛄和蚂蚁。

⑦彼：乌鸦和老鹰。此：蝼蛄和蚂蚁。

⑧偏:偏心,私心。

⑨徵:征验,引申为可信。

⑩明:聪明。之:它,指天道。

⑪所见:偏见。入于人:溺于人事。

【译　文】

庄子将要死的时候,弟子们打算为他厚葬。庄子说:"我把天地当作棺椁,把太阳和月亮当作连璧,把星星当作珍珠,把万物当作陪葬品。我的丧葬用品还有什么不齐备的呢?何必要多加这些!"弟子们说:"我们害怕乌鸦和老鹰啄食了您。"庄子说:"天葬让乌鸦和老鹰吃,土葬让蝼蛄和蚂蚁吃,从乌鸦、老鹰那里夺过来给蝼蛄、蚂蚁,为什么这样